Max Frisch

ANDORRA

Lehrerheft

Cornelia Zenner
Günter Krapp

Krapp & Gutknecht

Downloadbereich

Andorra auf der Bühne
- Gespräch mit Peter Kesten, *Andorra*-Inszenierung des Landestheaters Schwaben, Memmingen in 2011
- Schulinszenierung Claudia Backes, Bad Münstereifel

Lösungsvorschläge zu Schreibaufgaben

Schreibaufgabe: „Gespräch des Paters mit der Mutter“

Zeilenmesser zum Ausdrucken

Ihr Zugang:

Scannen Sie den QR-Code oder geben Sie diesen Link im Browser ein: (ohne *www.* oder *https://*)

kugverlag.de/1063

Sollte der Kurzlink nicht funktionieren, können Sie diesen eingeben:
https://download.krapp-gutknecht.de/index.php/s/2eFMd7iy4NWyPGP

Dürrenmatt sagte einmal recht süffisant in einem Fernsehinterview, dass er ein Schulautor geworden sei und es interessant fände, zu erfahren, was im Unterricht über ihn herausgefunden werde. Ähnliches lässt sich über Max Frisch und im Besonderen über sein Modell *Andorra* aussagen. Es ist zweifelsohne eines der wichtigsten Dramen der jüngeren deutschsprachigen Geschichte. Frischs Gesellschaftsmodell über Vorurteile und Klischees, Schuld und die Suche nach Identität – alles am Beispiel des Antisemitismus – ist im Lehrplan institutionalisiert und in vielen Bundesländern Pflicht- oder auch Prüfungslektüre. Bleibt zu hoffen, dass *Andorra* nicht zur Routine verkommt, verkürzt auf seine geschichtliche Verpflichtung. Der Antisemitismus und dessen Folgen stellen nur die eine Seite dieses Bühnenstückes dar. Das Stück zeigt zeitlos, zu welch katastrophalen Folgen Vorurteile führen können, wohin eine Gesellschaft gelangt, wenn Diskriminierung von Minderheiten toleriert wird, wenn Gleichgültigkeit und Wegschauen rassistisches Handeln zulassen.
Hans Magnus Enzensberger widersprach schon 1961 der Ansicht, Andorra sei gewissermaßen ein historisches Drama, das vor allem auf die Ereignisse im Nationalsozialismus anspiele:

> „Aber damit wir uns und damit wir Frisch recht verstehen: *Andorra* ist kein historisches Drama, und es ist erst recht keine Aktualität in jenem Sinn, der die bekannten kurzen Beine hat. Die »Schwarzen« sind nicht die SS, der Judenschauer ist nicht Eichmann, und nicht einmal der Jude ist ein Jude. Das Stück ist ein Modell: will sagen, nicht die Darstellung dessen, was war, sondern dessen, was jederzeit und überall möglich ist. »Nehmt euch ein Beispiel an Andorra!« und »Was Jud ist, bestimmen wir!« Heut oder morgen kann der »Jud« Kommunist heißen, oder Kapitalist, oder Gelber, Weißer, Schwarzer, je nachdem. Gemeint ist nicht die andere Gegend, nicht dem seinerzeit und anderswo wird der Prozess gemacht, sondern der je eigenen; der am meisten, die sich am schuldloseren vorkommt, aufs Weltgewissen beruft und in die Brust wirft, in der Meinung, bei uns können dergleichen nie und nimmer passieren.“[1]

Auch in unserer „eigenen Gegend" und Gegenwart sind Angst vor dem Andersartigen, Fremdenfeindlichkeit, Antisemitismus und neonazistischer Hass verbreitet. Angst vor „Überfremdung" verstellt oft den Blick auf wirkliche Verhältnisse. Die Bildnisproblematik äußert sich in Vorurteilen und Ungerechtigkeiten und in Schuldzuweisungen.
Andorra zeigt die Folgen, nicht die Ursachen von Vorurteilen. Es demonstriert, wie das „Böse" auf die „Anderen" projiziert wird und welche fatalen Folgen dies hat. Schuld ist nicht nur, wer „den ersten Stein wirft" und offen Gewalt anwendet, sondern auch, wer es nicht verhindert hat. Schuld ist auch, wer es unterlassen hat, Unrecht als solches anzuprangern und sich diesem in den Weg zu stellen. Das Prinzip der Schuldzuweisung, des Sündenbocks, funktioniert nicht nur in Zeiten wirtschaftlicher Krisen und sozialer Spannungen.
Andorra hat auch heute eine aktuelle gesellschaftliche Relevanz. Es ist zugleich ein zeitloses Stück über Fremdbestimmung unseres Denkens und Tuns, es demonstriert in der Verzweiflung Andris, wie wichtig die Suche nach der eigenen Identität ist. Wer bin ich eigentlich? Bin ich das, was die Anderen von mir sagen, von mir verlangen? Bin ich, was die Anderen von mir nicht sehen wollen?

Der Charakter des Modells wird im Erschließungsprozess und vor allem im anschließenden Transfer deutlich:
- verkleinerte, vereinfachte Abbildung der Wirklichkeit
- kann an der Wirklichkeit überprüft werden
- überdeutliche, stark symbolträchtige Darstellung der Verhaltensweisen der Personen
- Staat und Gesellschaft sind klein dargestellt – überschaubar
- steht exemplarisch für das kollektive Verhalten/kollektive Vorurteile einer Mehrheit
- Repräsentation verschiedener Gruppen/(Verhaltens)Typen (durch Berufsbezeichnungen statt Namen)
- Übertragbarkeit auf andere Situationen, Zeiten, Orte
- steht symbolisch für das Schicksal von Einzelpersonen (Andri als Opfer)
- thematisiert die Wichtigkeit der Identitätsfindung

Wir wünschen Ihnen und Ihren Schülerinnen und Schülern eine lebhafte Auseinandersetzung!

Cornelia Jenner   Günter Krapp

1 Enzensberger, Hans Magnus: Über *Andorra*. Aus: Programmheft der Zürcher Uraufführung 1961.

Hörspiel *Andorra*

Andorra wurde am 2. November 1961 im Züricher Schauspielhaus unter der Regie von Kurt Hirschfeld uraufgeführt.

Max Frisch hat es „[d]em Zürcher Schauspielhaus gewidmet in alter Freundschaft und Dankbarkeit." (S. 5)

Von dieser Inszenierung gibt es ein Hörspiel *Andorra*.

Theaterinszenierung

Aufzeichnung des Theaterstückes von Max Frisch in einer Inszenierung am Düsseldorfer Schauspielhaus von 1985.

Regie: Peter Heusch, Spieldauer 97 Min., Medientyp VHS-Videokassette

Auszuleihen über viele Medienzentren in Baden-Württemberg und weitere Landesmedienzentren.

Die schauspielerische Leistung, verbunden mit dem schlichten Bühnenbild, spricht auch heute noch Jugendliche an.

Empfehlung: Nach der Erarbeitung des Stücks werden die Vorstellungen der Schülerinnen und Schüler mit dem Bühnenbild, den eigenen Entwürfen dazu, mit der Inszenierung von Peter Heusch verglichen.

Dazu können das Interview mit Peter Kesten zur Memminger Inszenierung und die Überlegungen von Frau Backes zu ihrer Inszenierung mit Jugendlichen im Downloadbereich einbezogen werden.

IDA e. V. – Informations- und Dokumentationszentrum für Antirassismusarbeit e. V.
www.idaev.de

In der Vielfalt-Mediathek des IDA finden Sie eine umfangreiche Dokumentation von Print- und audiovisuellen Medien sowie Internetportalen, die im Rahmen der Bundesprogramme „TOLERANZ FÖRDERN – KOMPETENZ STÄRKEN", „Initiative Demokratie stärken" und „XENOS" sowie deren Vorläuferprogrammen entstehen bzw. entstanden sind.

http://www.vielfalt-mediathek.de/

Wir bedanken uns

... bei Claudia Backes für die Bereitstellung von Inszenierungsfotos und ihre Ausführungen zur Inszenierung. Claudia Backes führte 2011 mit Schülerinnen und Schülern des Literaturkurses der Jahrgangsstufe 12 des Erzb. St.-Angela-Gymnasiums Bad Münstereifel *Andorra* von Max Frisch auf.

... bei Peter Kesten, Oberspielleiter und stellvertretender Intendant des Landestheaters Schwaben in Memmingen, für das Interview über seine *Andorra*-Inszenierung aus der Spielzeit 2011/12 und bei Sabine Manteuffel für ihre Erläuterungen zum Bühnenbild und das Bühnenmodell.

Szenenfotos der Inszenierung des Landestheaters Memmingen: Karl Forster, Bad Grönenbach

Besetzung der *Andorra*-Inszenierung des Landestheaters Schwaben, Memmingen

Barblin	Michaela Fent
Andri	Matthias Tuzar
Der Lehrer	Fridtjof Stolzenwald
Die Mutter	Anke Fonferek
Die Senora	Josefine Bönsch
Pater	André Stuchlik
Soldat	Matthias Wagner
Wirt	Dino Nolting
Tischler	Peter Höschler
Geselle	Mario Lohmann
Judenschauer	Ulrich Spies

Handlung

Die Fabel

In der Folge wird zitiert aus:

Max Frisch
Taschenbuch
Andorra
Suhrkamp Verlag
127 Seiten
ISBN 978-3-518-36777-3
Bestell-Nr. tbAndorra

Die Zitate sind gemäß den Vorgaben des Suhrkamp Verlages in der alten Rechtschreibung aufgeführt.

Das Stück spielt in einer nicht näher bestimmten Zeit in Andorra – „Das Andorra dieses Stücks hat nichts zu tun mit dem wirklichen Kleinstaat dieses Namens, gemeint ist auch nicht ein andrer wirklicher Kleinstaat; Andorra ist der Name für ein Modell." (Max Frisch, Vortext zu Andorra, S. 4, Z. 1–3) Hier begegnet das Publikum dem jungen Andri, dem Pflegesohn des Lehrers Can. Der Lehrer brachte ihn nach seiner Darstellung als Judenkind aus dem Nachbarland, dem Land der „Schwarzen" mit, wo es der lebensbedrohenden Verfolgung dieses Volkes ausgesetzt gewesen war.
Andri ist aber in Wirklichkeit der leibliche Sohn Cans und der Senora, einer Schwarzen von drüben, was aber niemand weiß, auch Andri nicht. So sehen die Andorraner in ihm den typischen Juden und behandeln ihn nach diesem vorgefassten Bild. Unter dem Zwang der an ihn herangetragenen Vorurteile übernimmt Andri nach und nach dieses Bild des Juden und sieht sich schließlich in seinem Anderssein bestätigt, als ihm Can die Heirat mit seiner Tochter Barblin verweigert. Von dieser ihm auferzwungenen Identität rückt er auch nicht mehr ab, als ihm nach einem Besuch der Senora seine wahre Herkunft mitgeteilt wird. Die Senora wird vor ihrer Abreise durch einen Steinwurf getötet. Deshalb rücken die Schwarzen in Andorra ein, was die Andorraner veranlasst, Andri den Mord an der Senora in die Schuhe zu schieben.
In einer spektakulären „Show" wird Andri von den Schwarzen als Jude identifiziert und schließlich ermordet. Der Lehrer bezeugt zwar öffentlich die Wahrheit, aber niemand glaubt ihm. Er erhängt sich in einem Schulzimmer, seine Tochter Barblin verfällt in geistige Verwirrung.

Gang der Handlung

Erstes Bild (Straße, Pinte)
Barblin weißelt ihr Haus, dabei wird sie von Peider begafft. Barblins Protest, sie sei verlobt, ignoriert der Soldat mit Spott. Der Pater ist erfreut über ihre Weißelarbeit: „Wir werden ein schneeweißes Andorra haben, ihr Jungfraun, ein schneeweißes Andorra, wenn bloß kein Platzregen kommt über Nacht." (S. 9, Z. 16–18)
Peider quittiert dies mit blankem Hohn, „[...] seine Kirche ist nicht so weiß, wie sie tut [...] und wenn ein Platzregen kommt, das saut euch jedesmal die Tünche herab, als hätte man eine Sau drauf geschlachtet [...]." (S. 9, Z. 22–27) Mit diesem Spott verweist er symbolisch auf die kommenden Ereignisse.
Barblin will vom Pater wissen, ob es wahr sei, dass die Schwarzen, die Nachbarn Andorras, sie überfielen. Der Pater weicht aus, indem er Barblins Vater kritisiert, auf die Armut Andorras verweist und schließlich überraschend beteuert:
„Kein Mensch verfolgt euren Andri –" (S. 10, Z. 29)
Dazwischen tritt der Jemand, der auf ein drohendes Gewitter hinweist: „Es hängt etwas in der Luft." (S. 12, Z. 31) Die Bedrohung wird auch veranschaulicht durch Soldaten, die eine Prozession im Hintergrund mit aufgepflanzten Bajonetten begleiten.
Im zweiten Teil des Bildes verhandelt der Lehrer mit dem Tischler um eine Lehrstelle für seinen Pflegesohn Andri. Der Tischler verlangt fünfzig Pfund mit der Begründung, „Tischler werden, das ist nicht einfach, wenn's einer nicht im Blut hat. Und woher soll er's im Blut haben?" (S. 13, Z. 23) Ein Pfahl, den der Tischler offenbar nicht sieht, versetzt den Lehrer während des Gesprächs in höchste Aufregung. Der Tischler geht schließlich, ohne auf seine Forderungen zu verzichten. Der Wirt schaltet sich in die Sache ein und verweist darauf, dass, wenn es ums Geld gehe, der Andorraner wie der Jud sei. Er bietet aber selbst nur fünfzig Pfund dafür, dass der Lehrer ein Stück Land anbietet, genau genommen verkaufen muss, um die Tischlerlehre bezahlen zu können.
In der Folge eröffnet der glückliche Andri Barblin, dass er Tischler werde und sie nun heiraten könne.
Das Bild endet mit der Begegnung Andri – Peider. Der Soldat bezeichnet Andri als feige, weil er ein Jud sei. Ein Andorraner sei nicht feig, sondern „lieber tot als Untertan" (S. 19, Z. 20–21) und deutet damit an, dass eine große Übermacht Andorra überfallen wird, und jemand wie Andri es nicht wert sei, dass man für ihn sein Leben einsetze.

Vordergrund
Der Wirt tritt an die Zeugenschranke und gibt zu, sich damals getäuscht und geglaubt zu haben, Andri sei ein Judenkind. Man erfährt, dass Andri am Pfahl enden wird, allerdings weist der Wirt jegliche Schuld von sich.

Zweites Bild (vor Barblins Kammer)
Andri spricht mit seiner Verlobten Barblin über das, was andere von ihm sagen. Er will wissen, ob er wirklich kein Gefühl habe, ob er geil sei. Er vergleicht sich mit den anderen und weiß keine Antwort darauf, warum er anders ist als alle. Barblin will ihn beruhigen, doch seine Selbstzweifel gipfeln in der Vision: Es gibt „Menschen, die verflucht sind, und man kann machen mit ihnen, was man will, ihr Blick genügt, plötzlich bist du so, wie sie sagen. Das ist das Böse." (S. 28, Z. 6–9)

Vordergrund
Der Tischler tritt an die Zeugenschranke. Er gibt zu, einen überhöhten Preis für Andris Tischlerlehre verlangt zu haben, da er ihn einfach nicht in der Werkstatt wollte. Auch er weist jegliche Schuld am Ende von sich.

Drittes Bild (Tischlerwerkstatt)
Andri bespricht mit dem Tischlergesellen die Möglichkeit, in dessen Fußballmannschaft mitzuspielen. Dabei überprüft der Geselle Andris ersten selbst gefertigten Stuhl. Er hält jeder Belastung stand, denn er ist verzapft und verleimt, wie es sich gehört. Als der Meister kommt und irgendeinen Stuhl überprüft, der sofort aus dem Leim geht, meint er nur, dass man von Andri ja nichts anderes erwarten könne, wenn's einer nicht im Blut habe. Andris Hinweis, der Tischler sitze auf dem von ihm gefertigten Stuhl, bleibt ohne Wirkung, denn der Geselle gibt nicht zu, dass er den aus dem Leim gegangenen Stuhl gemacht hat.
Der Tischler ignoriert Andris heftigen Protest: „Wieso hab ich kein Recht vor euch? [...] Sie machen sich nichts aus Beweisen. Sie sitzen auf meinem Stuhl. Das kümmert Sie aber nicht? Ich kann tun, was ich will, ihr dreht es immer gegen mich, und der Hohn nimmt kein Ende. [...] Sie wollen nicht, daß ich tauge." (S. 34, Z. 17–30) Er bietet ihm stattdessen an, mit seiner „Schnorrerei" Bestellungen hereinzubringen, ein Pfund für drei Bestellungen, „Das ist's was deinesgleichen im Blut hat [...]." (S. 35, Z. 19–29)

Vordergrund
Der Geselle tritt an die Zeugenschranke. Er gibt zu, dass der schlecht verarbeitete Stuhl seiner gewesen ist. Es schiebt allerdings die Schuld daran, warum er das mit Andri nicht klären konnte, Andri in die Schuhe. Auch er weist die Schuld an Andris Ende von sich.

Viertes Bild (Stube beim Lehrer)
Der Doktor untersucht Andri. Dabei erzählt er, dass er Andris Vater als jungen Lehrer gekannt habe. „Immer mit dem Kopf durch die Wand! Er hat von sich reden gemacht damals, ein junger Lehrer, der die Schulbücher zerreißt, er wollte andre haben [...]." (S. 37, Z. 31 – S. 38, Z. 3) Er selbst sei Professor, mache sich aber nichts aus Titeln. Er sei in der Welt herumgekommen, dabei habe er erfahren müssen, dass, wo man auch hinkomme, der Jud schon in allen Ländern der Welt auf allen Lehrstühlen hocke. Er habe nichts gegen den Jud, er sei nicht für Greuel. Auch er habe Juden gerettet, obwohl er sie nicht riechen könne. Als Andri abweisend reagiert, erfährt er erst, dass jener Jude ist.
Der Lehrer erscheint, er wirft den Doktor aus dem Haus und bezeichnet ihn als verkrachten Akademiker. Anschließend sitzt die Familie bei Tisch und Andri eröffnet seinem Pflegevater, dass er Barblin heiraten möchte. Sie habe das kommen sehen, meint die Mutter, doch Can reagiert entsetzt. „Es ist das erste Nein, Andri, das ich dir sagen muß." (S. 46, Z. 23) Barblin läuft weg, und für Andri gibt es nur eine Erklärung, „Weil ich Jud bin." (S. 47, Z. 13) Der Lehrer verlässt das Haus, um sich zu betrinken, wie die Mutter befürchtet.

Fünftes Bild (Pinte)
Can trinkt Schnaps. Er deutet an, dass er gelogen habe und dass Andri seine Schwester heiraten möchte. Der Jemand versteht ihn nicht und verweist auf die Drohungen des Nachbarlandes.

Sechstes Bild (vor Barblins Kammer)
Der Soldat schleicht über den schlafenden Andri hinweg in Barblins Kammer. Andri erwacht und wundert sich über die verriegelte Kammertür. Er bekundet freimütig seinen Hass. So fühle er sich wohler und es erlaube ihm, Pläne zu schmieden, Pläne für sich und Barblin. Can tritt auf. Er will die Wahrheit sagen, doch Andri sieht nur seine Trunkenheit und schleudert ihm seine Verachtung entgegen: „Ich verdanke dir mein Leben. Ich weiß. Wenn du Wert drauf legst, ich kann es jeden Tag einmal sagen: Ich verdanke dir mein Leben[.] [...] Du ekelst mich. [...] Geh pissen. [...] Heul nicht den Schnaps aus den Augen; wenn du ihn nicht halten kannst, sag ich, geh." (S. 54, Z. 18 – S. 56, Z. 21) Nachdem der Lehrer gegangen ist, tritt der Soldat mit nacktem Oberkörper und offener Hose aus Barblins Kammer und jagt ihn davon. Andri kann es nicht glauben.

Vordergrund
Der Soldat tritt nun in Zivil an die Zeugenschranke. Er gibt zu, dass er Andri nicht leiden konnte und glaubt noch immer, dass er Jude war. Er ist sich keiner Schuld bewusst, denn er habe nur Befehle ausgeführt, was er als Soldat muss.

Siebtes Bild (Sakristei)
Der Pater führt ein Gespräch mit Andri auf Wunsch der Pflegemutter, die in großer Sorge um ihn ist. Andri wiederholt dem Pater gegenüber alles, was ihm von den Andorranern entgegengehalten wird: Er sei vorlaut, er denke immer ans Geld, niemand möge ihn, er sei ehrgeizig, seinesgleichen habe kein Gemüt, er sei feig. Schließlich bricht er zusammen und weint um seine Barblin.
Sie könne ihn nicht lieben, niemand könne das, er selbst auch nicht. Der Pater entgegnet ihm: „Liebe deinen Nächsten wie dich selbst. Er sagt: Wie dich selbst." (S. 63, Z. 29) Er müsse sein Judsein annehmen und verweist auf Andris herausragende Eigenschaften. „Kein Mensch, Andri, kann aus seiner Haut [...]. Gott will, daß wir sind, wie er uns geschaffen hat. [...] Du bist nun einmal anders als wir." (S. 64, Z. 13–19)

Vordergrund
Im Gegensatz zu den anderen Andorranern tritt der Pater nicht in Zivilkleidung auf und steht auch nicht an der Zeugenschranke, sondern er hat sein Priestergewand an und kniet. Es liegt nahe, dass er seine Aussage als Gebet, als Zwiesprache mit Gott, wahrnimmt. Er gibt ein Schuldbekenntnis zum tragischen Ausgang der Geschichte ab.

Achtes Bild (Platz von Andorra)
Die Andorraner unterhalten sich über die gespannte politische Lage, weil die Schwarzen Truppen an der Grenze zusammengezogen haben. Eine Senora von drüben mietet ein Zimmer beim Wirt, was diesen veranlasst, gegenüber den anderen Andorranern das Gastrecht zu beschwören. Der Doktor gibt Phrasen von sich über die Beliebtheit der Andorraner in der ganzen Welt, weil „jedes Kind in der Welt weiß, daß Andorra ein Hort ist, ein Hort des Friedens und der Freiheit und der Menschenrechte." (S. 68, Z. 5–7) So ist er überzeugt, dass jene von drüben es nicht wagen werden, Andorra anzugreifen, weil sich Andorra auf das Weltgewissen berufen kann. Diese scheinbare Gewissheit und Rechtschaffenheit hindert die Andorraner jedoch nicht daran, in der Senora eine „Spitzelin" zu sehen, wobei besonders der Soldat und der Tischlergeselle offen ihre Ablehnung der Fremden gegenüber bekunden. Die Senora erscheint, setzt sich an einen freien Tisch, was alle Andorraner außer Peider und Fedri veranlasst, zu gehen. Peider begafft die Fremde unverhohlen, da erscheint Andri. Er beginnt mit dem Soldaten einen Streit. Er wird deshalb von den Soldaten zusammengeschlagen. Die Senora geht dazwischen, hilft ihm und verlangt nach einem Arzt. Sie lässt sich schließlich von Andri zu seinem Vater führen.

Vordergrund
In der folgenden Szene wird endlich offenbar, was seit der ersten Vordergrundszene bekannt ist: Andri ist der leibliche Sohn Cans und der Senora. In dem Gespräch der beiden werden auch die Ängste deutlich, die beide dazu veranlassten, ihr gemeinsames Kind vor dem jeweils eigenen Volk zu verleugnen: „Du hast mich gehaßt, weil ich feige war, als das Kind kam. Weil ich Angst hatte vor meinen Leuten. Als du an die Grenze kamst, sagtest du, es sei ein Judenkind, das du gerettet hast vor uns. Warum? Weil auch du feige warst, als du wieder nach Hause kamst. Weil auch du Angst hattest vor deinen Leuten." (S. 77, Z. 28 – S. 78, Z. 3)

Neuntes Bild (Stube beim Lehrer)

Die Senora verabschiedet sich von Andri und deutet an, dass sich sein Leben ändern werde. Andri fühlt sich von ihr angezogen. Er begleitet sie zunächst. In der Zwischenzeit beauftragen Can und die Mutter den Pater, Andri die Wahrheit zu sagen. Andri kommt vorzeitig zurück, die Senora wolle alleine gehen. Sie hat ihm ihren Ring mit einem Topas geschenkt. Der Lehrer macht sich auf den Weg, die Senora zu begleiten.
Der Pater versucht nun mühsam, mit Andri ins Gespräch zu kommen, während dieser gelöst und heiter wirkt und dabei dem Pater anvertraut, dass er auswandern wolle, der Ring verschaffe ihm die Möglichkeit dazu. Als der Pater die Wahrheit schließlich ausspricht, will Andri nichts davon wissen. Und er erzählt, wie er, seit er hören könne, gesagt bekam, wie er sei und wie er schließlich erkennen musste, dass er wirklich so sei, wie man ihm nachsagte. „Hochwürden haben gesagt, man muß das annehmen, und ich hab's angenommen. Jetzt ist es an Euch [...], Euren Jud anzunehmen." (S. 86, Z. 23–26) Der Lehrer kommt zurück und meldet, man habe die Senora mit einem Stein getötet, und es hieße, Andri habe den Stein geworfen. Er appelliert an den Pater, er sei Zeuge, dass Andri bei ihm gewesen sei.

Vordergrund

Der Jemand tritt an die Zeugenschranke. Er gibt zu, dass Andris Schuld am Tod der Senora keinesfalls erwiesen ist und signalisiert damit einen unrechtmäßigen Vorgang bei Andris Beschuldigung. Doch auch er windet sich heraus, dass er nicht richten könne, ihn kaum kannte und man die Sache eigentlich auf sich beruhen lassen sollte.

Zehntes Bild (Platz von Andorra)

Andri ist allein. Seit den frühen Morgenstunden ist er, wie er sagt, durch die Gassen geschlendert, und niemand war zu sehen. Er habe den Stein nicht geworfen, er brauche sich nicht zu verstecken. Eine Stimme flüstert ihm etwas zu. Der Lehrer tritt auf mit einem Gewehr. Er versucht, Andri zum Weggehen zu bewegen, die Schwarzen seien da. Andri hört nicht auf ihn. Aus Lautsprechern ist zu hören, dass kein Andorraner etwas zu befürchten habe. Andri verhöhnt die kapitulierenden Andorraner und macht seinem Vater klar, dass er nicht der erste sei, der verloren ist. „Es hat keinen Zweck, was du redest. Ich weiß, wer meine Vorfahren sind. Tausende und Hunderttausende sind gestorben am Pfahl, ihr Schicksal ist mein Schicksal." (S. 95, Z. 12–16) Er wirft eine Münze ins Orchestrion und geht. Danach patrouillieren Soldaten (im Vordergrund) mit Maschinenpistolen in schwarzen Uniformen.

Vordergrund

Im Vordergrund patrouillieren wortlos zwei bewaffnete schwarze Soldaten.

Elftes Bild (vor Barblins Kammer)

Barblin ist verzweifelt, während Andri sich scheinbar gefühllos danach erkundigt, wie oft sie mit dem Soldaten geschlafen habe. In der Folge werden seine Vorhaltungen immer roher, bis er sie schließlich auffordert, sich auszuziehen und ihn zu küssen. „Kannst du nicht, was du mit jedem kannst, fröhlich und nackt? [...] Was ist anders mit andern? So sag es doch. Was ist anders? Ich küß dich, Soldatenbraut! Einer mehr oder weniger, zier dich nicht." (S. 101, Z. 12–16) Barblin beschwört ihn vergeblich, sich zu verstecken. Ein Soldat führt Andri schließlich zur Judenschau ab.

Vordergrund

Als der Doktor an die Zeugenschranke tritt, möchte er sich kurz fassen und es entsteht die längste Aussage aller Andorraner. Er ist der Meinung, dass keiner der Andorraner etwas Unrechtes getan hat, dass sie überhaupt nichts getan haben. Damit bestätigt er eigentlich die kollektive Schuld der Andorraner, die nichts gegen das Unrecht, welches Andri passierte, unternommen haben. Er bedauert die Vorkommnisse, weist die Schuld aber weit von sich.

Zwölftes Bild (Platz von Andorra)

Die Andorraner erwarten stumm das weitere Geschehen. Barblin versucht vergeblich, auf sie einzuwirken. Der Doktor meint, man dürfe keinen Widerstand leisten, während der Wirt mehrfach betont, Andri habe den Stein geworfen, er jedenfalls nicht. Soldaten und der Judenschauer treten auf. Die Andorraner müssen sich schwarze Tücher über die Köpfe ziehen und die Schuhe ausziehen. Die Angst, der Judenschauer könne sich vielleicht irren, wird mit dem Hinweis verdrängt: „Der riecht's. Der sieht's am bloßen Gang [...]." (S. 109, Z. 8–9) Der Lehrer versucht, den Andorranern ins Gewissen zu reden, Andri sei sein Sohn. „Wer unter ihnen der Mörder ist, sie untersuchen es nicht. Tuch drüber! Sie wollen's nicht wissen. Tuch darüber! Daß einer fortan sie bewirtet mit Mörderhänden, es stört sie nicht." (S. 113, Z. 8–11) Der kollaborierende Peider erteilt letzte Instruktionen. Noch einmal versucht Barblin, die Andorraner zu passivem Widerstand zu bewegen. Danach wird sie von den Soldaten weggeschleppt. Die Andorraner gehen schließlich nacheinander unter den kritischen Augen des Judenschauers über den Platz. Der Jemand wird als erster genauer inspiziert, darf aber dann weitergehen – mit Peiders Hilfe. Schließlich muss Andri sein Tuch abnehmen. Zum Beweis seiner richtigen Wahl kehrt der Judenschauer Andris Taschen um, Münzen fallen heraus. „Judengeld", kommentiert der Soldat. Die Beschwörungen des Lehrers und der Mutter, Andri sei Cans Sohn, helfen nichts mehr. Andri wird abgeführt, man reißt ihm den Finger ab, weil er den Ring der Senora nicht hergeben will und tötet ihn. Die Szene endet ähnlich wie das Stück angefangen hat. Barblin, jetzt geschoren, weißelt das Haus ihres Vaters. „Ich weißle, ich weißle, auf daß wir ein weißes Andorra haben, ihr Mörder, ein schneeweißes Andorra, ich weißle euch alle – alle." (S. 125, Z. 14–16) Can hat sich im Schulzimmer erhängt. Der Pater versucht vergeblich, auf Barblin einzureden, während sie Andris Schuhe bewacht, die stehengeblieben sind. „Rührt sie nicht an! Wenn er wiederkommt, das hier sind seine Schuh." (S. 127, Z. 17–18)

Die Zeugenschranke

Nach dem 1., 2., 3., 6., 7., 9. und 11. Bild treten die Andorraner im Vordergrund der Bühne auf, manche an einer Zeugenschranke (siehe auch „Handlungsübersicht"). Diese Zwischenszenen spielen zeitlich lange nach dem eigentlichen Bühnengeschehen.
Eine Zeugenschranke dient bei Gericht als Trennung im Raum zwischen dem Platz des aussagenden Zeugen und dem Richtertisch. Dies soll Distanz zum Angeklagten und auch zum Richter wahren.
Die Zuschauer sind das Gericht und hören die Rechtfertigungen der Figuren, die nach und nach an der Zeugenschranke erscheinen. Sie reden sich heraus, machen auch Falschaussagen, weisen ihren Teil am Geschehen zurück und belasten den unschuldigen Protagonisten. Dem Zuschauer obliegt es, die Vergehen zu entdecken und für sich zu bewerten.
Mit Ausnahme des Paters beteuern alle Andorraner ihre Unschuld am Ausgang der Geschichte. Einzig der Soldat gibt zu, dass er ihn – Andri – nicht leiden konnte. Er hält nach wie vor an seiner Meinung fest, dass er ein Jude gewesen sei. Der Doktor, der vorgibt, sich kurz fassen zu wollen, hält die längste Rechtfertigungsrede. Der Pater, nicht in der Zeugenschranke, sondern im Vordergrund kniend, sagt: „Auch ich habe mir ein Bildnis gemacht von ihm, auch ich habe ihn gefesselt, auch ich habe ihn an den Pfahl gebracht." (S. 65, Z. 6–8) Mit diesem „auch" drückt er neben seiner eigenen Schuld die Kollektivschuld der Andorraner aus.

Die Figuren

Andri

Andri ist zwanzig Jahre alt. Er ist im Begriff, seinen Lebenstraum zu verwirklichen:
Er will Tischler werden und möchte seine geliebte Barblin heiraten. Anders ausgedrückt, er will sich ein Leben schaffen, das ihm seine Vorstellung von Glück und Zufriedenheit vermittelt. Diese Vorstellung vom Glück in all seiner Bescheidenheit drückt er symbolhaft aus. „Man möchte seinen Namen in die Luft werfen wie eine Mütze, und dabei steh ich nur da und rolle meine Schürze. So ist Glück. Nie werde ich vergessen, wie ich jetzt hier stehe ..." (S. 18, Z. 26–29)
Doch sehr bald sieht er sich durch das Verhalten der Andorraner ihm gegenüber in die Enge getrieben: „Ob's wahr ist, was die andern sagen. Findest du, sie haben recht?" (S. 25, Z. 8–11) Er beginnt, sich zu beobachten, sich mit den anderen zu vergleichen. Und er macht die bittere Erfahrung, dass er anders behandelt wird als die anderen. Kann er sich zunächst noch gegen die Rohheiten des Soldaten zur Wehr setzen, so steht er den Lügen des Tischlergesellen und der arroganten Ignoranz des Tischlers hilflos gegenüber. Seine Tischlerlehre endet somit vorzeitig. Sein Abwehrverhalten dem Bild gegenüber, das die Andorraner für ihn bereithalten, dauert bis zur sechsten Szene, als er erkennen muss, dass nicht nur sein Vater scheinbar gegen ihn ist, sondern auch Barblin ihre Liebe zu ihm zu verraten scheint.
So wird aus dem verzweifelten Kampf gegen die Vorurteile eine verzweifelte Entscheidung, das zu sein, was die anderen aus ihm gemacht haben. Als der Pater die schwere Aufgabe übernimmt, Andri beizubringen, was ein Andorraner ist und dass er nun das annehmen soll, ist es zu spät. Andri erkennt in sich nicht nur das Bild des Juden, mehr noch, Andri fühlt sich in seiner individuellen Lage mit der des jüdischen Volkes verschmolzen, trägt trotzig sein Anderssein und die Zugehörigkeit zu ‚seinem' Volk zur Schau: „Ich bin nicht der erste, der verloren ist. [...] Ich weiß, wer meine Vorfahren sind. Tausende und Hunderttausende sind gestorben am Pfahl, ihr Schicksal ist mein Schicksal." (S. 95, Z. 12–16) Von dieser

Märtyrerrolle ist er nicht mehr abzubringen, auch nicht von Barblin, angesichts der unmittelbar bevorstehenden Katastrophe im Elften Bild. Aber gerade hier ist die Kritik an dieser Figur anzusetzen, einerseits hinsichtlich seines Charakters, andererseits hinsichtlich Frischs dramaturgischer Konzeption:
Wirkt diese Übernahme seiner Rolle, menschlich gesehen, verbohrt und engstirnig, so zeigt sich auch innerhalb einer einzigen Szene, formal gesehen, ein Bruch. Im zweiten Gespräch mit dem Pater erleben wir Andri beinahe euphorisch optimistisch, wenn er davon spricht, auszuwandern, um irgendwo ein neues Leben zu beginnen. Am Ende dieses Gesprächs wirken seine apokalyptischen Visionen – und da weiß Andri noch nichts über den Tod der Senora – unglaubhaft übertrieben. Anders formuliert, Andri hat nie akzeptieren gelernt, dass die Menschen in einer alles andere als perfekten Welt zusammenleben. Es gibt Zeiten, in denen es Menschen sozusagen „knüppeldick" abbekommen. Wer dann nicht gelernt hat, den Kopf über Wasser zu halten, geht unter oder wird zum Schuhabstreifer für andere. Andri gefällt sich mehr und mehr in dieser Märtyrerrolle. Er muss leiden wie sein Volk, dem er sich mehr und mehr zugehörig fühlt, seit Jahrhunderten leiden musste. Der daraus erwachsende Hass richtet sich gegen die Andorraner, im Grunde gegen alle und gegen sich. So muss die von ihm provozierte Prügelszene im Achten Bild gedeutet werden, bei der Andri von vornherein nur verlieren kann. Sie bestätigt ihm nur, dass er stellvertretend erleiden muss, was sein Volk seit Jahrhunderten erlitten hat: Diskriminierung, Folter und schließlich den Tod. Dieser Wechsel von der Übernahme der Identität, welche die Welt für ihn bereithält, zur Identifizierung mit dem Schicksal des Volkes, dem er angehören soll, mag dramaturgisch gesehen hinsichtlich des Modellcharakters für Frisch eine Notwendigkeit gewesen sein, sie wirkt dennoch erzwungen und macht den Zugang zu dem Stück nicht einfacher.

Can

Der Lehrer Can verachtet die Andorraner. Einst verfolgte er die Unwahrheit, er lehrte die andorranischen Kinder „Seite um Seite mit einem schönen Rotstift anzustreichen, was in den andorranischen Schulbüchern nicht wahr ist". (S. 38) Doch als er ein uneheliches Kind mit einer Schwarzen von drüben zeugt, setzt er die Lüge vom Judenkind in die Welt, das er vor den Pogromen der Schwarzen gerettet habe. Diese Lüge aus Feigheit beschwört eine familiäre wie menschliche Katastrophe herauf, der er zunächst nur mit Hilfe des Alkohols entgegentreten kann, bis er sich schließlich selbst richtet.
„Fluch nicht auf die Andorraner, du selbst bist einer" (S. 82, Z. 3–4), hält ihm seine Frau entgegen, nachdem die Senora Andris wahre Identität offenbart hat und Can die letzte Chance versäumt, durch Offenheit wenigstens einen Rest an Glaubwürdigkeit wiederzugewinnen und die sich anbahnende Katastrophe vielleicht abzuwenden.
So sehr Cans Verhalten menschlich verständlich erscheint in einer Welt der angepassten Spießer (Wirt, Tischler) und Maulhelden (Soldat, Amtsarzt), so beklagenswert ist, dass es gerade ihm an Zivilcourage mangelt. Er als Intellektueller, der die Unwahrheit öffentlich anprangert, selbst aber die Wahrheit kennt, wird zum Verräter an seiner Geliebten, an seiner Familie, an Andri. So gelangt er auf die Ebene des sozialen Verbrechers im Sinne Bertolt Brechts, der letztlich seinen letzten Rest an Verantwortungsbewusstsein im Alkohol ertränkt. So gesehen hinterlässt seine Ankündigung „Ich werde dieses Volk vor seinen Spiegel zwingen, sein Lachen wird ihm gefrieren" (S. 15, Z. 4–5) nur für den zunächst unvoreingenommenen Zuschauer eine beklemmende Wirkung. Cans Erkenntnis: „[...] die Lüge ist ein Egel, sie hat die Wahrheit ausgesaugt." (S. 49, Z. 10–11) kennzeichnet seine ausweglose Situation, mindert aber deshalb kaum seine Schuld.

Barblin

Gleich zu Beginn erlebt man Barblin in tiefer Sorge um ihre und Andris Zukunft, als sie den Pater fragt, ob es wahr sei, dass „[w]enn einmal die Schwarzen kommen, dann wird jeder, der Jud ist, auf der Stelle geholt. Man bindet ihn an einen Pfahl, [...] man schießt ihn ins Genick. [...] Und wenn er eine Braut hat, die wird geschoren [...] wie ein räudiger Hund." (S. 12, Z. 17–22) Als Andri ihr später seine Selbstzweifel offenbart, beschwichtigt sie ihn oder lenkt ihn ab. „Fang jetzt nicht wieder an!" oder „Andri, du denkst zuviel!" (S. 25, Z. 16, 30) Sie beteuert schließlich ihre Liebe und will, dass Andri nur noch an sie denkt. Als schließlich der Lehrer Andri ihre Hand verweigert, ist ihre erste Reaktion: „Dann bring ich mich um. [...] Oder ich geh zu den Soldaten, jawohl." (S. 46, Z. 9, 11) Wenn ihr Vater sie daraufhin als „Huhn" bezeichnet, ist das nicht einmal unverständlich. Ihre Liebe zu Andri ist sicher alles andere als oberflächlich. Andris Vorhaltungen und Anzüglichkeiten im Elften Bild treffen sie tief. Dennoch versucht sie in der Folge alles, wozu sie als Mädchen fähig ist, um ihn zu retten. Sie zeigt in den beiden Schlussbildern – auch noch in ihren Wahnvorstellungen – jenes Maß an Zivilcourage, welches ihrem Vater gefehlt hatte, als es darauf ankam.

Die Mutter

Die wenigen Auftritte der Mutter hinterlassen den Eindruck einer einfachen Frau mit gesundem Menschenverstand und Realitätsbewusstsein. Es ist ihr unverständlich, warum ihr Mann Andri die Tochter verweigert. In der Auseinandersetzung dieser Szene schafft sie Can Brücken, um ihn zu einer vernünftigen Haltung zu bringen: „Barblin ist neunzehn, und einer wird kommen. Warum nicht Andri, wo wir ihn kennen?" (S. 46, Z. 27–29) Mehr noch, sie zwingt schließlich den Lehrer, klare Gründe für sein Nein zu nennen, was jener nicht kann und deshalb das Haus verlässt. Als die Senora die Wahrheit ins Haus bringt, sieht sie ganz klar: „Ich versteh mehr als du meinst, Can. Du hast sie geliebt, aber mich hast du geheiratet, weil ich eine Andorranerin bin. Du hast uns alle verraten, aber den Andri vor allem. Fluch nicht auf die Andorraner, du selbst bist einer." (S. 81, Z. 31 – S. 82, Z. 4) In der Schluss-Szene ist ihr Eintreten für Andri überzeugender als Cans hektisches Getue. „Aber Andri ist der Sohn von meinem Mann [...] Und Andri hat den Stein nicht geworfen, das weiß ich auch, denn Andri war zu Haus, als das geschehn ist. Das schwör ich." (S. 122, Z. 18–22)

Die Senora

Die Senora ist Andris leibliche Mutter, die Frau, mit der Can die Welt verändern und eine neue schaffen wollte. Sie hatten beide dieselben Ideale und Vorstellungen und fanden die Machenschaften und das Verhalten ihrer Landsleute widerlich. Doch sie verrät ihren Traum, auch Andri, indem sie ihn verlässt und sich nie um Andri gekümmert hat. Sie kommt aus dem Land der Schwarzen und hatte damals große Angst vor ihren Leuten, eine Beziehung zu einem Andorraner zuzugeben. Auch sie war feige wie Can.

Durch einen andorranischen Händler erfährt sie die Geschichte mit dem Lehrer und dem angeblichen Judenkind. Daraufhin schreibt sie an ihren Ex-Geliebten Can Briefe, aber sie erhält keine Antwort von ihm.

Trotz der angespannten politischen Situation zwischen Andorra und den Schwarzen kommt sie nach Andorra, um den Lehrer dazu zu bringen, die Wahrheit über Andris Identität zu sagen. Sie stellt Can zur Rede und wirft ihm seine Lüge und seine Feigheit vor. Die Senora fordert den Lehrer auf, Andri zu sagen, wer er wirklich ist. Sie selbst allerdings hält sich an Cans Weisung, es nicht zu tun.

Die Senora versteht sich sehr gut mit ihrem Sohn und hat ihn gern. Als sie wieder geht, begleitet Andri sie ein Stück ihres Weges. Sie muss viel Selbstbeherrschung aufbringen, als sie sich von ihm verabschiedet, und schenkt ihm einen Ring, der Andri sehr viel bedeutet. Die Wahrheit spricht sie aber trotzdem nicht aus, sondern macht nur Andeutungen, mit denen Andri nichts anfangen kann. Die Senora wird noch in derselben Stunde durch einen Steinwurf getötet.

Der Pater

Von den Andorranern zeigt er am meisten Profil. Das liegt nicht allein daran, dass er seine Schuld erkennt und eingesteht. Sicher erscheinen seine Vorstellungen von einem schneeweißen Andorra zu Beginn ebenso naiv wie seine Beschwichtigungen vor einer möglichen Gefahr von drüben.

Als er auf Andri zugeht, um ihn von dessen eigenem Ich zu überzeugen, zeigt er sich unfähig, die wahren Bedürfnisse eines Menschen wahrzunehmen. Hier versagt er in seiner Funktion als Seelsorger, so wie er versagt, wenn er es zulässt, dass ein Mitglied seiner Gemeinde offensichtlich diskriminiert und schließlich umgebracht wird. Seine Tragik liegt darin, dass er den Klischees der Vorurteile ebenso erliegt wie die übrigen Andorraner, sie nur anders deutet und bewertet.

Warum er sich bei der Judenschau nicht sehen lässt, um Andri in aller Öffentlichkeit zu entlasten, auch wenn das den Ausgang sicher nicht geändert hätte, muss ihm angelastet werden.

Der Soldat

Der Soldat gibt vor, zu kämpfen „bis zum letzten Mann" (S. 19, S. 66), ist aber der erste, der am Ende mit den Invasoren zusammenarbeitet. Andri begegnet er mit unverhohlener Abneigung: „'s ist nicht zum Lachen, wenn einer Jud ist", (S. 20) eine Abneigung, die er auch später noch – als einziger der Andorraner übrigens – in der Zeugenschranke aufrechterhält. Im Grunde projiziert er wie alle Andorraner seine negativen Eigenschaften auf den Juden. Er ist feige, erschrickt gar vor dem schlafenden Andri, als er in Barblins Kammer einsteigen will, sieht aber in Andri den „Hosenscheißer", für den zu kämpfen in Frage gestellt wird.

Seine Annäherungsversuche gegenüber Barblin sind primitiv und machen deutlich, dass er ein persönliches Interesse daran hat, gegen Andri vorzugehen. Er nimmt sie sich schließlich in einer Situation, in der sie sich nicht mehr wehren kann.

Der Wirt

Der Wirt ist geldgierig und feige. Seine Feigheit macht ihn zum Mörder, ihn, der auf das Gastrecht pocht und der niemanden schlecht behandelt haben will. Er will nicht mehr als fünfzig Pfund für das Land bezahlen, das Can verkaufen muss, eben die Summe, die Can benötigt, um die Tischlerlehre zu bezahlen.
Warum er die Senora erschlägt, wird nur zum Teil ersichtlich. Immerhin deutet er mit dem biblischen Motiv, den ersten Stein werfen zu wollen (Achtes Bild) an, was er lieber täte, als der „Fremdlingin" Gastrecht zu gewähren. Er will bei der Judenschau kein schwarzes Tuch über den Kopf ziehen. Als ihm der Lehrer vorhält, dass er den Stein geworfen habe, zieht er sich das Tuch sofort über.

Der Tischler

Auch der Tischler ist geldgierig und einer jener unheilvollen Vertreter der Blut-und-Boden-Weltanschauung. Das zeigen seine Verhandlungen mit Can über die Tischlerlehre ebenso wie sein Verhalten bei der Stuhlprüfung: „[...] wenn's einer nicht im Blut hat" (S. 13, Z. 22–23), kann er nicht Tischler werden und wenn er das partout will, dann soll er auch dafür bezahlen. Nachdem er die Stuhlprüfung so entschieden hat, wie sie nach seinen Vorstellungen entschieden werden muss, beutet er Andri aus. Sein erstes Angebot, für jede Bestellung ein halbes Pfund, ersetzt er durch ein nur scheinbar besseres, in Wahrheit schlechteres Angebot, ein ganzes Pfund für drei Bestellungen. Dies ist wohl seine Vorstellung von kaufmännischem Geschäftssinn, während dem Juden Geldgier und Geiz vorgeworfen wird.

Der Geselle

Was hätte der Geselle zu befürchten gehabt, hätte er zugegeben, dass der aus dem Leim gegangene Stuhl von ihm hergestellt worden war? Die Frage ist müßig, denn Frischs Figur ist so angelegt, wie sie uns begegnet. „Ich bin Käpten, und du bist mein Freund" (S. 30, Z. 24), macht nur deutlich, wie schnell Freundschaften eingegangen werden und wie bedeutungslos sie sind, wenn es darauf ankommt.
Dass der Geselle nicht nur feige ist, sondern auch hinterhältig, zeigt sein Verhalten beim Auftauchen der Senora. Er stößt den Koffer der Senora um, als sie aber erscheint, hält er sich zurück. Bei der Schlägerei mit Andri tritt er, im Schutze der anderen, die auch zuschlagen, von hinten zu. Als Andri fällt, versetzt er ihm mit den anderen zusammen Fußtritte.

Der Doktor

Der Doktor ist ein Schwätzer. Das Phrasenhafte seiner Reden belegen Sätze wie „Unsere Waffe ist unsere Unschuld. Oder umgekehrt: Unsere Unschuld ist unsere Waffe." (S. 70, Z. 10–11) Er ist nach Andorra zurückgekehrt, weil er die Heimat so sehr liebt, in Wahrheit brachte er nirgendwo in der Welt einen Fuß auf den Boden, denn „[i]n allen Ländern der Welt hocken sie [die Juden] auf allen Lehrstühlen, ich hab's erfahren, und unsereinem bleibt nichts andres übrig als die Heimat." (S. 40, Z. 17–19)
Er beruft sich auf das Weltgewissen angesichts der bedrohlichen Truppenansammlung der Nachbarn an der Grenze, aber er bewundert auch die Organisation dieser Nachbarn bei der Judenschau. Er ist auch der Überzeugung, dass der Judenschauer sich nicht irren kann. „Der hat den Blick. Verlaßt euch drauf! Der riecht's. Der sieht's am bloßen Gang, wenn einer über den Platz geht. Der sieht's an den Füßen." (S. 109, Z. 8–10) In der Zeugenschranke kann er sich nicht vorstellen, wie er sich hätte anders verhalten sollen, alle seien wie er „einer gewissen Aktualität erlegen [...]. Es war, vergessen wir nicht, eine aufgeregte Zeit." (S. 105, Z. 1–3)
So bleibt er, der unbelehrbare Pseudo-Intellektuelle, im Grunde ein Opportunist und Spießer. Jemand wie er wird nie einsehen, dass die Menschen ihr Verhalten ändern müssen, wollen sie die Welt verändern oder gar verbessern.

Jemand

Diese Figur steht wohl stellvertretend für den Andorraner überhaupt, eine austauschbare Person sozusagen. Er liest oft Zeitung, nimmt nie Stellung, gibt allenfalls ironische Kommentare ab, „Es heißt nicht Spitzelin, sondern Spitzel, auch wenn die Lage gespannt ist und wenn es sich um eine weibliche Person handelt." (S. 68, Z. 30 – S. 69, Z. 1) Als Zeitungsleser ist er wohl über alles informiert, wie man annehmen muss. Dennoch ist er der typische gleichgültige ‚Zuschauer' innerhalb einer Gesellschaft, seine Informiertheit bleibt also folgenlos.
Als ihn der Judenschauer herauszieht, spürt er möglicherweise zum ersten Mal am eigenen Leib, was es heißt, bedroht zu sein. Folgen für sein weiteres Leben hat das nicht. Das zeigt er vor der Zeugenschranke: „Einmal muß man auch vergessen können, finde ich." (S. 89, Z. 11–12)

Form und Struktur

Frisch nennt seine Szenen wohl in der Tradition Bertolt Brechts „Bilder". Die Fabel des Stückes vollzieht sich in zwölf Bildern unterschiedlicher Länge und Struktur. So besteht das Erste Bild genau genommen aus sieben Szenen – der Exposition des Stückes.

1. Barblin – Soldat (Tischler – Andri)
2. Barblin – Pater
3. Jemand – Barblin
4. Lehrer – Tischler
5. Lehrer – Wirt
6. Andri – Barblin
7. Soldat – Andri

Der Zuschauer wird im Verlaufe dieser sieben Szenen des Ersten Bildes mit der gesamten Thematik und den wichtigsten Figuren konfrontiert:

- das schneeweiße Andorra, das eben in Wirklichkeit blutrot ist, wobei dem Zuschauer die Symbolik der Farben offenkundig wird
- die Bedrohung durch das Nachbarland
- die Geringschätzung der Juden aufgrund haltloser Vorurteile
- Tod, Hinrichtung (Pfahl) bzw. Hinweis auf das katastrophale Ende
- die Liebenden Andri und Barblin

Das Zweite Bild vervollständigt den thematischen Reigen:

- die Liebe zwischen Barblin und Andri
- die Suche nach dem Ich bzw. nach der eigenen Identität
- der Familienkonflikt im Spannungsfeld zwischen Wahrheit und Lüge

Einige der Bilder wirken skizzenhaft, z. B. das Fünfte Bild, in dem der betrunkene Lehrer sein Dilemma andeutet, oder das Elfte Bild, in dem das Dilemma der Geschwisterliebe noch einmal offenbar wird. Andere Bilder leben von ihrem dramatischen Spannungsbogen. Das sind vor allem das Vierte, das Sechste und das Siebte Bild, die Andris Umschwung zum Märtyrer entwickeln.
Zwischen den Bildern stehen die Vordergrundszenen, in der Regel sind das die Szenen der Andorraner vor der Zeugenschranke. Ausgenommen aus dieser Schematisierung sind die Bildübergänge 4/5 und 5/6 (keine Vordergrundszene), 8/9 (Senora, Lehrer) und 10/11 (patrouillierende Soldaten).

Der andorranische Jude

SH 40/LH 70 f.

Grundlage des Stückes ist Frischs Parabel *Der andorranische Jude* aus seinem ersten Tagebuch (1946–1949). Es liegt auf der Hand, aufgrund des berichtenden wie aufzählenden Charakters dieser Parabel eine Liste der Vorurteile zu erstellen und sie in Beziehung zu dem angeblichen Juden zu bringen, der sich als Andorraner entpuppt, wodurch diese Vorurteile auf die Andorraner zurückfallen (Spiegel).
Die Schlüsselaussage ist „taten ihm nichts"[1], was Frisch postwendend kommentiert: „Also auch nichts Gutes." Das Tun der Andorraner, dessen Ergebnis das fertige Bildnis des Juden ist, ist nicht *Aktion*, also Handeln im eigentlichen Sinn, sondern *Denken, Sagen, Geisteshaltung*. Doch die Projektion eines Bildnisses, behaftet mit Vorurteilen, der Ablenkung von eigenen verwerflichen Handlungsweisen sowie der Unbelehrbarkeit selbst durch offensichtlich rationelle Argumente, ersetzt oft aktives Handeln in puncto Konsequenzen für die „Bebilderten".
Was tut der andorranische Jude? Sein Tun ist *Re-Aktion* im eigentlichen Sinn des Wortes, er reagiert auf das Verhalten der Andorraner.

- Er prüft sich und gesteht.
- Er ist leidenschaftlich.
- Er wirbt um Vertrauen.
- Er entdeckt, dass alles stimmt, was man ihm vorwirft.
- Er trägt sein Anderssein mit Stolz und Trotz.

---

1 Max Frisch, *Tagebuch 1946–1949* (Suhrkamp Taschenbuch Nr. 1148), Suhrkamp Verlag, Frankfurt am Main 1985, S. 27–32.

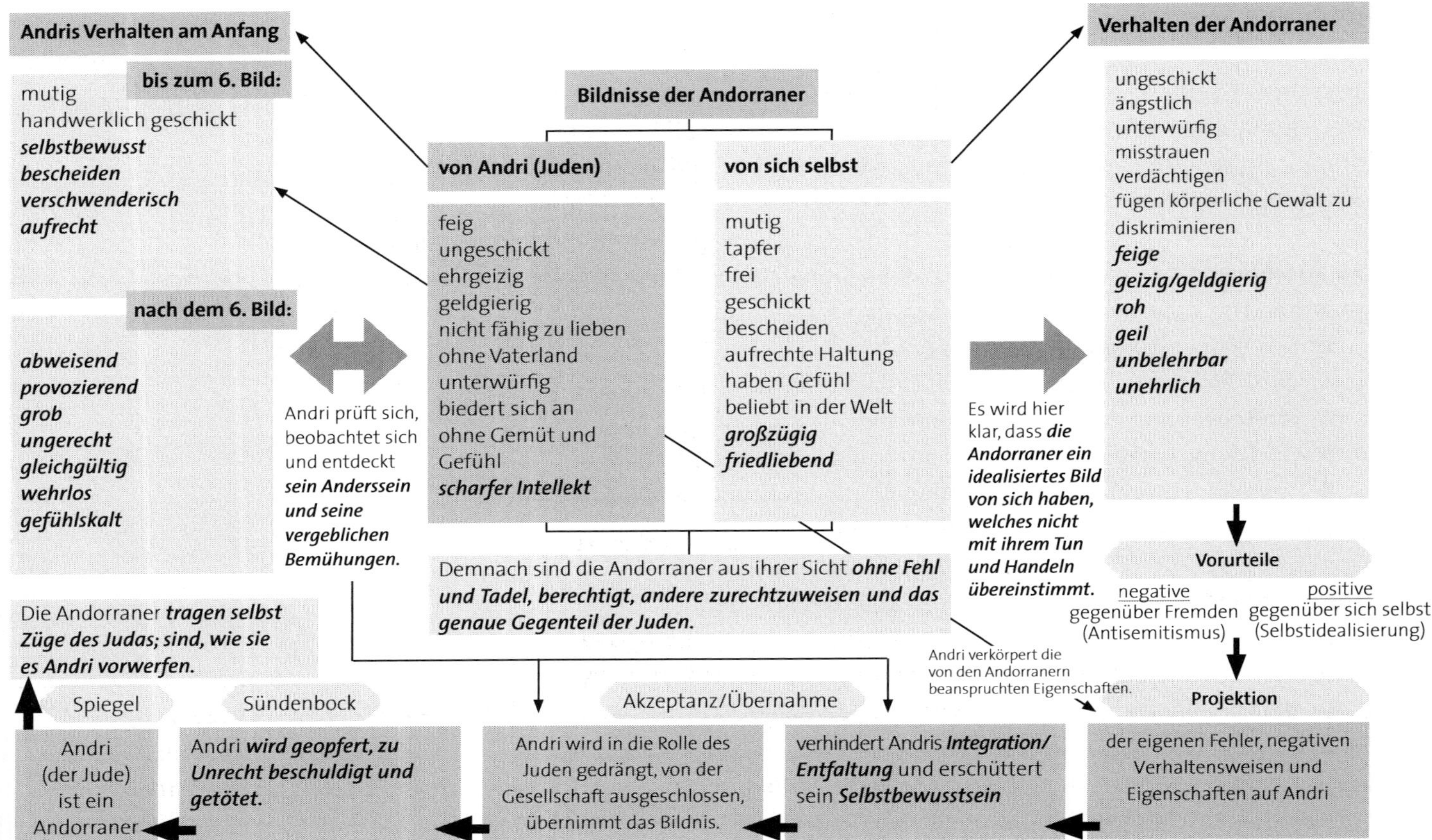

Diese *Re-Aktion* ist nichts anderes als die Suche nach seiner Identität, die damit endet, dass er das Bild übernimmt, das die Andorraner für das Bild des Juden halten. Dass dieses Bild logischerweise als Spiegel wirken muss, dann nämlich, als der Jude sich als Andorraner erweist, bedarf eigentlich keiner Erläuterung. Viel bezeichnender ist, dass Frisch selbst dem Klischeedenken verfällt, wenn er die Andorraner die Züge des „Judas" erkennen lässt.

Wie sieht nun dieser Sachverhalt in Frischs Drama *Andorra* aus? Die Folge der zwölf Bilder lässt sich in zwei Sequenzen aufteilen:

Im Verlaufe der ersten sechs Bilder versucht Andri, seinen Lebenstraum zu verwirklichen: Eine Lebensgrundlage (Tischlerlehre) zu schaffen und eine Familie zu gründen (Heirat mit Barblin). Die Vorstellung von dieser Zukunft, die sich in nichts von dem unterscheidet, was man gemeinhin als normal bezeichnet, versetzt Andri in höchste Glücksempfindungen. Dieses Glück verhindern die Andorraner, auch sein Vater. Die ersten sechs Bilder demonstrieren diesen Vorgang. Sie zeigen, wie der Jude Andri mit den Vorurteilen konfrontiert wird, wie die Andorraner ihm begegnen. Dabei fällt das Fünfte Bild sicher heraus, denn hier deutet der Lehrer konkret an, was man schon weiß: Andri ist sein Sohn.

Die Begegnung zwischen Andri und den Andorranern bestimmen die Andorraner mit ebenso subtiler wie offener Gewalt. Sie missbrauchen ihre Machtposition schamlos, denn die meisten haben ein persönliches Interesse, dass diese Begegnung zu ihren Gunsten ausgeht: Der Soldat will Barblin haben, der Tischler verspricht sich mehr Umsatz mit Andri im Verkauf, der Wirt ersteht billig Land und erhält einen Sündenbock für sein Verbrechen. Der Jemand will seine Ruhe haben und steht dabei für all jene, die diese Gewalt tolerieren oder nicht sehen wollen, sich dumm stellen oder ganz einfach zu gleichgültig sind und wegschauen. Die Mauer aus einem vorgefertigten Bild, die die Andorraner so errichten, wird für Andri mehr und mehr unüberwindbar. Diese Begegnung führt dazu, dass Andri sich beobachtet, dass er argwöhnisch darüber reflektiert, inwiefern die ihm nachgesagten Eigenschaften und Verhaltensweisen zutreffen.

Die Bilder 7 bis 12 zeigen Andris *Re-Aktion* und schließlich das Ende im Zwölften Bild. Diese *Re-Aktion* ist gegen die Andorraner, gegen Can und Barblin, doch im Grunde gegen sich gerichtet, und sie wird getragen vom Hass gegen seine Umwelt, gegen Can und gegen sich selbst. Nur so ist seine Provokation im Achten Bild verständlich, auch seine Weigerung, die Annahme der neuen Identität wieder zurückzunehmen oder sein Heil in der Flucht zu suchen. Äußerer Anlass dieser *Re-Aktion* ist die Weigerung Cans, ihm Barblin zur Frau zu geben (Viertes Bild) und schließlich vor allem die Szene vor Barblins Kammer im Sechsten Bild, als der Soldat aus der Tür tritt. Die Wende dieser Entwicklung von der Selbstbeobachtung und Auflehnung gegen das für ihn bereitgestellte Bild des Juden zur Übernahme der ihm auferzwungenen Identität vollzieht sich im Verlaufe des Siebten Bildes: „Ich versteh schon, daß niemand mich mag. Ich mag mich selbst nicht, wenn ich an mich selbst denke." (S. 61, Z. 2–4)

Das Neunte Bild bringt ein retardierendes Element, die Begegnung Andris mit der Senora, der Schwarzen aus dem Nachbarland, seiner Mutter, die ihm schließlich einen wertvollen Ring schenkt. Es scheint, dass die sich anbahnende Katastrophe sich noch aufhalten ließe. Darauf deutet auch Andris euphorische Stimmung zu Beginn des zweiten Gesprächs mit dem Pater. Letztlich bewirkt das Auftauchen der eigentlichen Mutter das Gegenteil: Im Hort der Freiheit und der Menschenrechte, wo man auf das Gastrecht pocht, auch bei unangenehmen Ausländern, wird der Gast mit einem Stein erschlagen. Vielleicht war das auslösende Element zu dieser Tat die Bereitschaft der Senora, in aller Öffentlichkeit für den Schwächeren, den Juden, einzutreten, sie, eine Schwarze von drüben, denen man in Andorra Greueltaten gegenüber Juden nachsagt.

„Er trug sein Anderssein sogar mit einer Art von Trotz, von Stolz und lauernder Feindschaft dahinter."[1]

So zeigt sich auch Andri, als der Pater ihm seine wahre Identität vermitteln möchte: „Jetzt ist es an Euch, Hochwürden, Euren Jud anzunehmen." (S. 86, Z. 25–26)

Sehen wir ihn im Siebten Bild nach und nach stumm werden, so ist es jetzt der Pater, der verstummt, während Andri redet. Aber Andri nimmt nicht nur sein ihm aufgezwungenes Anderssein an, er nimmt auch sein Schicksal, seine Hoffnungslosigkeit, sein Ende an.

„Meine Trauer erhebt mich über euch alle, und so werde ich stürzen. Meine Augen sind groß von Schwermut, mein Blut weiß alles, und ich möchte tot sein. Aber mir graut vor dem Sterben. Es gibt keine Gnade –" (S. 87, Z. 22–26).

Hören wir ihn im ersten Bild im Hochgefühl seiner sich ihm abzeichnenden Zukunftsperspektive sagen: „Die Sonne scheint grün in den Bäumen heut." (S. 18, Z. 21), so muss er jetzt resigniert feststellen, dass diese Hoffnung für ihn ein bedeutungsloses Bild geworden ist: „Gnade ist ein ewiges Gerücht, die Sonne scheint grün in den Bäumen, auch wenn sie mich holen." (S. 88, Z. 7–9)

Was nun folgt, ist nur noch die Konsequenz dessen, was sich schon angebahnt hat. Der Mord an der Senora, der die Schwarzen auf den Plan ruft, ist Auslöser von jenem Ende, das sich Andri prophezeit, das aber gleichermaßen die Andorraner zu Verdammten stempelt. Angesichts des schreienden Unrechts seines Endes haben sie nichts anderes im Sinn, als ihre Vorurteile weiterhin auszuspielen – „Judengeld" –, um ihre erbärmliche Haut zu retten. Andris Tragik ist in dem Umstand zu sehen, dass er bei der Suche nach seinem Ich eine Identität übernimmt, übernehmen muss, die seine Isolation festigt, die umso hassenswerter wird, je mehr er sie zu übernehmen bereit ist.

Das strukturale Grundelement dieses Stückes ist diese oben analysierte Begegnung zwischen den Andorranern und dem angeblichen Juden Andri. Eine Begegnung, die auf Seiten der Andorraner zunächst einmal durch ihre Geisteshaltung, durch ihr Sagen und Denken, auch durch ihre Verneinung gekennzeichnet ist. Letztlich wird die Begegnung auch bestimmt durch verschiedene Formen von subtiler bis offener Gewalt, vom Ausspielen vorhandener Machtstrukturen bis hin zur Anwendung roher Gewalt.

Diese von den Andorranern bestimmte Begegnung hat Andris *Re-Aktion* zur Folge, die eine Korrektur des Bildnisses nicht mehr möglich macht. „Ich wollte ja nachher mit ihm reden, aber da war er schon so, daß man halt nicht mehr reden konnte mit ihm" (S. 36, Z. 4–6), sagt der Tischlergeselle vor der Zeugenschranke und verdeutlicht damit den schon im Zusammenhang mit dem Pater hervorgehobenen Sachverhalt. Die tragische Konsequenz desselben kulminiert im Neunten Bild, lässt aber gleichzeitig erkennen, wie hoffnungslos und weitreichend die Schuldverstrickung der Andorraner gediehen ist:

„Und alle, alle, nicht nur mich. Sehen Sie die Soldaten. Lauter Verdammte. Sehen Sie sich selbst. [...] Sie werden beten. Für mich und für sich. Ihr Gebet hilft nicht einmal Ihnen, Sie werden trotzdem ein Verräter." (S. 87, Z. 30 – S. 88, Z. 7)

So zeigen sich Parallelen, aber auch gravierende Unterschiede zwischen der Vorlage aus dem Tagebuch und dem Bühnenstück: Die Andorraner des Modells sind die tatsächlichen Akteure. Andris Aktion ist *Re-Aktion* im eigentlichen Sinne des Wortes. Was bleibt ihm auch anderes zu tun? Das strukturale Grundmerkmal der schicksalhaften Begegnung ist geprägt von dieser *Aktion* und *Re-Aktion*, wobei bezeichnenderweise die Aktionen der Andorraner nach dem Mord und der Machtübernahme der Schwarzen kaum noch auszumachen sind. Das Handeln, die Handlung erhält nach deren Auftauchen eine mechanische Eigendynamik, welche Eingriffe von außen nicht mehr zulässt.

---

1 Max Frisch, *Tagebuch 1946–1949* (Suhrkamp Taschenbuch Nr. 1148), Suhrkamp Verlag, Frankfurt am Main 1985, S. 27–32.

Themen und Motive

„Du sollst dir kein Bildnis machen“ oder „Was ist Wahrheit?“

Max Frisch hat sich 1948 in seinem Tagebuch eine Inhaltsnotiz zu einer Szene von Dürrenmatts *Der Blinde* gemacht, in der ein Blinder die Zerstörung seines Herzogtums nicht wahrgenommen hat und deshalb glaubt, er lebe immer noch in seiner Burg. In Wirklichkeit sitzt er inmitten von Ruinen, umgeben von Söldnern, Räubern, Zuhältern und Dirnen, welche mit ihm ihren Spaß treiben und sich von ihm empfangen lassen als Herzöge, Feldherren oder Äbtissinnen. Die Vorstellungen, welche die Menschen von sich oder ihrer Umwelt haben oder sich machen, durchzieht thematisch Frischs Werk wie ein roter Faden. Diese Thematik ist eng mit Frischs Vorstellungen von der Wirklichkeit, wie sie der Mensch erlebt und deutet, verknüpft:

> „Wirklich nennen wir nicht, was geschieht, sondern wirklich nennen wir, was ich an einem Geschehen erlebe, und dieses Erleben, wie wir wissen, kümmert sich nicht um die Zeit: es ist möglich, dass wir ein Geschehen immer wieder erleben.“[1]

Genauer betrachtet bedeutet diese These nichts anderes, als dass unsere – oder zumindest Frischs – Erfahrungen und Erlebnisse erst die Vorfälle bewirken, aus denen sie zu folgen scheinen. Oder anders ausgedrückt: Das, was wir für die Wirklichkeit halten, kann erst zur Wirklichkeit, zur Wahrheit werden, wenn sie unseren Vorstellungen von ihr standhält. Hier und genau hier liegt die Problematik der Andorraner, von Andri, von *Andorra* begründet: Die Andorraner ziehen ihre Folgerungen über Andris Sosein nicht aus ihren Erlebnissen, ihrer Begegnung mit Andri. Ihre Vorstellungen von der Wirklichkeit bestimmen diese Begegnung. Nicht anders ist beispielsweise das Verhalten des Tischlers im Dritten Bild zu erklären. Verhielte es sich anders, müsste er sich von Andris Beteuerungen oder Beweisen überzeugen lassen.

Auch der Stückeschreiber eines technischen Zeitalters, wie sich Bertolt Brecht bezeichnet, der seinen Galilei an die Macht und die Verführbarkeit der Beweise glauben lässt, stellt in seinem gleichnamigen Stück eine Welt dar, in der nicht ist, was nicht sein darf, was letztlich seine Titelfigur zum Scheitern zwingt.

Wenn Dürrenmatt seine Werke als das Produkt „erdachter Geschichten“ bezeichnet – als Gegenwelten zur wirklichen Welt erdacht, weil er im Gegensatz zu Frisch nichts erlebt habe, so sind Frischs Werke als Produkt seiner Erlebnisse Metaphern der wirklichen Welt. Belegen lässt sich dies mit seinem Interview mit Horst Bienek (Werkstattgespräche):

> „Offenbar gibt es kein anderes Mittel, um Erfahrungen darzustellen, als das Erzählen von Geschichten: als wären es die Geschichten, aus denen unsere Erfahrungen hervorgegangen sind. Es ist umgekehrt. Die Erfahrung erfindet sich ihren Anlaß.“[2]

Im Falle *Andorras* ist das eine dramatische Metapher, welche durch Erlebnisse nicht nur gedeutet, sondern auch neu gedichtet wurde, von der Wirklichkeit abgehoben, in die sie dann als neugeformte Realität zurückfällt.

In Frischs Roman *Stiller*, der davon erzählt, wie ein Mensch versucht, seiner Existenz zu entfliehen[3], sagt der junge Jesuit im Sanatorium von Davos zu Julika:

> „... daß es das Zeichen von Nicht-Liebe sei, also Sünde, von seinem Nächsten oder überhaupt von einem Menschen ein fertiges Bildnis zu machen, zu sagen: So und so bist du, und fertig“, worauf Julika, so belehrt, wiederum Stiller vorwerfen kann: „Wenn man einen Menschen liebt, so läßt man ihm jede Möglichkeit offen und ist trotz allen Erinnerungen einfach bereit, zu staunen, immer wieder zu staunen, wie anders er ist, wie verschiedenartig und nicht einfach so, nicht ein fertiges Bildnis, wie du es dir machst von deiner Julika.“[4]

Deutet man diese Stelle im Hinblick auf das eingangs erwähnte Tagebuch-Zitat, so folgert daraus, dass die Wirklichkeit eines Menschen gar nicht gesehen werden kann. Die Einschränkung des Jesuiten bzw. von Julika findet sich sowohl in Frischs Vorlage zu *Andorra* im Tagebuch: „Ausgenommen, wenn wir lieben“, als auch in dem Essay auf S. 26 des Tagebuchs „Du sollst dir kein Bildnis machen.“ Die Wirklichkeit kann nicht gesehen werden, weil ein Widerspruch besteht zwischen der möglichen wahren und der tatsächlich gelebten Existenz des Menschen. Das Problem liegt vor allem in der Veränderung der menschlichen Natur, einer sicher schrittweisen Veränderung, deren Ergebnis wir allenfalls wahrzunehmen bereit sind, aber nicht die Veränderung selbst, den Prozess.

---

1 Max Frisch, *Tagebuch 1946–1949* (Suhrkamp Taschenbuch Nr. 1148), Suhrkamp Verlag, Frankfurt am Main 1985, S. 27–32.
2 Max Frisch, *Wie Sie mir auf den Leib rücken! Interviews und Gespräche*, Suhrkamp Verlag, 2017.
3 Vgl. Horst Bienek, *Werkstattgespräche mit Schriftstellern*
4 Max Frisch, *Stiller*. Suhrkamp Taschenbuch 105, 1974, S. 116 und S. 150.

Andorra ist die tragische Metapher dieser Grunderfahrung Max Frischs. Sie führt dem mehr und mehr betroffenen Zuschauer vor, welches Bild sich das Individuum von sich selbst macht, dann welches Bild es sich von seinen Mitmenschen, von seinem Vaterland, von den Nachbarn macht und schließlich, wie das Bild des Einzelnen von seinen Zeitgenossen geprägt ist und wird. Die Wirklichkeit, die Wahrheit wird dabei eher zufällig getroffen.

Max Frisch
Du sollst dir kein Bildnis machen

Es ist bemerkenswert, daß wir gerade von dem Menschen, den wir lieben, am mindesten aussagen können, wie er sei. Wir lieben ihn einfach. Eben darin besteht ja die Liebe, das Wunderbare an der Liebe, daß sie uns in der Schwebe des Lebendigen hält, in der Bereitschaft, einem Menschen zu folgen in allen seinen möglichen Entfaltungen. Wir wissen, daß jeder Mensch, wenn man ihn liebt, sich wie verwandelt fühlt, wie entfaltet, und daß auch dem Liebenden sich alles entfaltet, das Nächste, das lange Bekannte. Vieles sieht er wie zum ersten Male. Die Liebe befreit es aus jeglichem Bildnis. Das ist das Erregende, das Abenteuerliche, das eigentlich Spannende, daß wir mit den Menschen, die wir lieben, nicht fertigwerden: weil wir sie lieben; solang wir sie lieben. Man höre bloß die Dichter, wenn sie lieben; sie tappen nach Vergleichen, als wären sie betrunken, sie greifen nach allen Dingen im All, nach Blumen und Tieren, nach Wolken, nach Sternen und Meeren. Warum? So wie das All, wie Gottes unerschöpfliche Geräumigkeit, schrankenlos, alles Möglichen voll, aller Geheimnisse voll, unfaßbar ist der Mensch, den man liebt –
Nur die Liebe erträgt ihn so. Warum reisen wir?
Auch dies, damit wir Menschen begegnen, die nicht meinen, daß sie uns kennen ein für allemal; damit wir noch einmal erfahren, was uns in diesem Leben möglich sei –
Es ist ohnehin schon wenig genug.

Unsere Meinung, daß wir das andere kennen, ist das Ende der Liebe, jedesmal, aber Ursache und Wirkung liegen vielleicht anders, als wir anzunehmen versucht sind – nicht weil wir das andere kennen, geht unsere Liebe zu Ende, sondern umgekehrt.
Weil unsere Liebe zu Ende geht, weil ihre Kraft sich erschöpft hat, darum ist der Mensch fertig für uns. Er muß es sein. Wir können nicht mehr! Wir künden ihm die Bereitschaft, auf weitere Verwandlungen einzugehen. Wir verweigern ihm den Anspruch alles Lebendigen, das unfaßbar bleibt, und zugleich sind wir verwundert und enttäuscht, daß unser Verhältnis nicht mehr lebendig sei.
„Du bist nicht", sagt der Enttäuschte oder die Enttäuschte, „wofür ich dich gehalten habe."
Und wofür hat man sich denn gehalten? Für ein Geheimnis, das der Mensch ja immerhin ist, ein erregendes Rätsel, das auszuhalten wir müde geworden sind. Man macht sich ein Bildnis. Das ist das Lieblose, der Verrat.

Man hat darauf hingewiesen, das Wunder jeder Prophetie erkläre sich teilweise schon daraus, daß das Künftige, wie es in den Worten eines Propheten erahnt scheint und als Bildnis entworfen wird, am Ende durch eben dieses Bildnis verursacht, vorbereitet, ermöglicht oder mindestens befördert worden ist –
Unfug der Kartenleserei.
Urteile über unsere Handschrift. Orakel bei den alten Griechen.
Wenn wir es so sehen, entkleiden wir die Prophetie wirklich ihres Wunders? Es bleibt noch immer das Wunder des Wortes, das Geschichte macht: –
»Im Anfang war das Wort.–

Kassandra, die Ahnungsvolle, die scheinbar Warnende und nutzlos Warnende, ist sie immer ganz unschuldig an dem Unheil, das sie vorausklagt?
Dessen Bildnis sie entwirft. Irgendeine fixe Meinung unsrer Freunde, unsrer Eltern, unsrer Erzieher, auch sie lastet auf manchem wie ein altes Orakel. Ein halbes Leben steht unter der heimlichen Frage: Erfüllt es sich oder erfüllt es sich nicht. Mindestens die Frage ist uns auf die Stirne gebrannt, und man wird ein Orakel nicht los, bis man es zur Erfüllung bringt. Dabei muß es sich durchaus nicht im geraden Sinn erfüllen; auch im Widerspruch zeigt sich der Einfluß, darin, daß man so nicht sein will, wie der andere uns einschätzt. Man wird das Gegenteil, aber man wird es durch den andern.

Eine Lehrerin sagte einmal zu meiner Mutter, niemals in ihrem Leben werde sie stricken lernen. Meine Mutter erzählte uns jenen Ausspruch sehr oft; sie hat ihn nie vergessen, nie verziehen; sie ist eine leidenschaftliche und ungewöhnliche Strickerin geworden, und alle die Strümpfe und Mützen, die Handschuhe, die Pullover, die ich jemals bekommen habe, am Ende verdanke ich sie allein jenem ärgerlichen Orakel! ...
In gewissem Grad sind wir wirklich das Wesen, das die andern in uns hineingehen, Freunde wie Feinde. Und umgekehrt! auch wir sind die Verfasser der andern; wir sind auf eine heimliche und unentrinnbare Weise verantwortlich für das Gesicht, das sie uns zeigen, verantwortlich nicht für ihre Anlage, aber für die Ausschöpfung dieser Anlage. Wir sind es, die dem Freunde, dessen Erstarrtsein uns bemüht, im Wege stehen, und zwar dadurch, daß unsere Meinung, er sei erstarrt, ein weiteres Glied in jener Kette ist, die ihn fesselt und langsam erwürgt. Wir wünschen ihm, daß er sich wandle, o ja, wir wünschen es ganzen Völkern! Aber darum sind wir noch lange nicht bereit, unsere Vorstellung von ihnen aufzugeben. Wir selber sind die letzten, die sie verwandeln. Wir halten uns für den Spiegel und ahnen nur selten, wie sehr der andere seinerseits eben der Spiegel unseres erstarrten Menschenbildes ist, unser Erzeugnis, unser Opfer –.

Max Frisch, *Tagebuch 1946–1949* (Suhrkamp Taschenbuch Nr. 1148), Suhrkamp Verlag, Frankfurt am Main 1985, S. 27–32.

Identitätssuche – Erwachsenwerden

Adoleszenz – die Suche nach der Identität

Andorra spricht durch Andris Schicksal und die Unmöglichkeit der Liebe zu Barblin und in seinem Aufbegehren bei seiner Identitätssuche Jugendliche in wichtigen Empfindungen an.
Die Adoleszenz bezeichnet die Phase des Übergangs zum Erwachsensein über das biologisch-geschlechtliche Erwachsenwerden hinaus. Das Finden und Entwickeln einer eigenen Identität wird erfahren in der Beantwortung wichtiger Fragen wie „Wer bin ich? Was will ich sein? Was will und muss ich an dieser Welt verändern?"
Diese oft turbulenten Jahre werden als Gefühl der Freiheit und Selbstbestimmung erfahren, bestimmt durch das Bedürfnis, sich in seinem Körper wohl zu fühlen und als eigenständige, unverwechselbare Person seinen Platz im Leben zu finden und so akzeptiert zu werden.
Adoleszenz beinhaltet das Lösen von den Eltern, die Entscheidung für Beruf oder Studium, den Aufbau einer Partnerschaft, das Orientieren in Musik, in Kultur, die politisch-soziale Ausrichtung. Wertvorstellungen, familiäre Orientierung, Vorstellungen von Partnerschaft, politische und religiöse Überzeugungen müssen gefunden und ausgeprägt werden.

Vorbilder und Spiegelbilder

Dies ist ein sehr schwieriger Prozess, da die Orientierung an Maßstäben widersprüchlich ist, bestehende Werte und Normen oft radikal und gefühlsmäßig hinterfragt werden. Das Suchen und Experimentieren wird begleitet von Abgrenzung von und Auseinandersetzung mit den Eltern, Lehrern und anderen Bezugspersonen. Auf der Suche nach einem eigenen Standpunkt werden diese nun für die Jugendlichen zu Projektionsflächen für alles, von dem sie sich lossagen.
Vorbilder aus Sport und Kultur, Freunde, eine feste Clique bzw. die Peergroup übernehmen eine bedeutende Rolle. Von Vorbildern werden Verhaltensweisen übernommen, die Jugendliche an Spiegelbildern ausprobieren und testen. Entscheidend ist, dass dabei nicht nur eine „Rolle" übernommen wird, sondern eine bewusste und selbstkritische Auseinandersetzung stattfindet, ob dies zum eigenen Ich passt.
Schließlich ist es die Hauptaufgabe der Jugendlichen in der Pubertät, ihre Identität zu finden und sich mit wachsender Lebenserfahrung selbstständig orientieren zu können.
Eltern, Lehrer und andere Bezugspersonen brauchen dementsprechend viel Geduld. Der Prozess des Sich-Abgrenzens wird oft als ruppig, schwankend und unkontrolliert erfahren, die Angst vor Gefahren, Beeinflussbarkeit, Gefährdungen und Fehlorientierungen belastet die Beziehung und lässt oft übersehen, dass bei den Jugendlichen bei allem Opponieren ein großes Bedürfnis nach Zuspruch und Nähe besteht.
Viele Psychologen sehen in der Pubertät „eine Achterbahnfahrt der Gefühle". Gesteuert durch den sich verändernden Hormonhaushalt schwanken Gefühle und Einstellungen zwischen gut und schlecht, zwischen traurig und euphorisch unvermittelt und unmittelbar.

> „Das Gehirn von Jungen und Mädchen nimmt während der Pubertät Gefühle und Erlebnisse nämlich nicht mehr so stark wahr wie noch in der Kindheit. Reichte damals der Sprung vom Drei-Meter-Brett aus, um sich

mutig zu fühlen, werden jetzt die Ansprüche höher und auch die Bereitschaft, echte Risiken einzugehen. In keinem anderen Lebensabschnitt passieren daher mehr Unfälle als in der Pubertät. Aber manchmal geschieht auch das Gegenteil – und Mädchen und Jungen ziehen sich komplett zurück. Sie werden traurig, sind völlig überfordert von den vielen Veränderungen. Ganz gleich, wie man die Pubertät erlebt, dieses Niemandsland zwischen Kindheit und Erwachsensein – seltsam, komisch und ein bisschen schwierig ist es wohl irgendwie immer, für alle."[1]

Eltern und Erziehern bleibt die Einsicht, dass das Grundvertrauen weiterhin besteht und ermöglicht, dass Jugendliche Grenzen und Hilfestellungen bei der Selbstkorrektur und Orientierung in Anspruch nehmen und akzeptieren können.

Schuld und Verantwortung

Es gibt Schuld und Verantwortung im juristischen Sinne und in moralischer Hinsicht. Eine Gesellschaft kann auf keinen dieser Eckpfeiler verzichten. Die Gesetze stellen den Rahmen zur Verfügung, innerhalb derer sich die Mitglieder einer Gesellschaft bewegen können und müssen. Moralisches Bewusstsein, moralische Verantwortung greift tiefer, denn sie schafft die Grundlage für Menschlichkeit und Würde, für Vertrauen und Engagement ohne Wenn und Aber.
Bei der Untersuchung von juristischer und moralischer Schuld und Verantwortung im Zusammenhang mit Andris Schicksal wird also zu klären sein, wer ein Verbrechen begangen, wer es zugelassen und wer den Boden dazu bereitet hat. Wer hat also Andri getötet, wer war daran beteiligt, wer hat dies geduldet? Wer hat Andri in eine Situation gebracht, in der es möglich war, dass er ohne Rückhalt, ohne Hilfe in einer Gesellschaft leben musste, was sein Ende in der Form, wie es geschah, erst ermöglichte? Warum wird die Senora erschlagen und Barblin misshandelt?
Der Maßstab „moralischer Schuld und Verantwortung" ist dabei schwerer zu bewerten.
Das Ausgangsverhalten für das Schuldigwerden ist die Projektionsbereitschaft der Andorraner:
Das Gute beziehen sie auf sich selbst, das Schlechte und abzulehnende Verhalten dagegen auf die Juden, auf Andri und die Schwarzen.
Diese Projektion und die Schuldfrage hinsichtlich Andris Schicksal müssen für das Modell geklärt werden, und zwar für alle Beteiligten, nicht nur für die Andorraner. Darüber hinaus müssen sie beim Transfer auf unser Hier und Heute gestellt werden, wenn im Zusammenhang der Aktualisierung des Modells über Fremdenfeindlichkeit und Gewalt gegen ausländische Mitbürger und Andersdenkende, Andersglaubende gesprochen wird.
Eine wesentliche Erkenntnis der modernen Philosophie in der Folge Kants ist: „Du bist nicht nur verantwortlich für das, was du tust, sondern auch für das, was du nicht tust."
Wer zuschaut, wer Hilfe unterlässt, ermöglicht die Tat. Gleiches gilt für Beiseitetreten und Wegschauen. Rechtsradikale Gewalttaten beginnen im Dulden von ausländerfeindlichen Äußerungen, im Zulassen des Schürens von Hass.

Ein Gericht bewertet einen vermeintlichen Täter. Schuld besteht jedoch oft darin, nichts getan zu haben, zugeschaut zu haben, nicht Widerspruch erhoben, keine Bedenken angemeldet zu haben.
Mit der Konstruktion der „Zeugenschranke" bezieht Max Frisch den Zuschauer in die Bewertung der Andorraner ein. Mehr noch: Durch die Aussagen der Andorraner – zeitversetzt nach den Ereignissen – und für den Zuschauer überprüfbar und bewertbar in der Dramenhandlung gespiegelt, lässt er uns posthum nicht nur das Handeln und Unterlassen der Andorraner bewerten, sondern auch prüfen, was sie aus den schrecklichen Ereignissen in Andorra und aus Andris Hinrichtung am Ende der Judenschau gelernt haben.

Wenig, wie wir rasch erkennen. Lediglich der Pater erkennt den Zusammenhang zwischen Tat und dem Ermöglichen derselben, zwischen Tun und Unterlassen. Nur er bereut, sich ein „Bild geschaffen zu haben". Die Andorraner gehen ihrer Tagesordnung nach und erklären sich für nicht verantwortlich. Andris Schuhe bleiben stehen, falls ein neuer Andri kommt. Am Ende des Stücks bleiben sie als Symbol für den Zuschauer: Das Stück ist aus – die Schuhe bleiben.
Handeln und Nichthandeln, Tun und Lassen sind die beiden Seiten des Handelns. Für Handlungen können wir zur Verantwortung gezogen werden. Die Andorraner haben ihre Projektion nicht überwunden.

1 Müller, Simone, *Wenn Kopf und Körper erwachsen werden.* GEOlino extra Nr. 28/11.
Quelle: http://www.geo.de/GEOlino/mensch/pubertaet-wenn-kopf-und-koerper-erwachsen-werden-68661.html (28.02.2022).

Die Symbolik in *Andorra*

Unter einem Symbol versteht man einen Gegenstand, einen Vorgang, eine Situation oder ein Abstraktum mit einer über sich hinausgehenden weiteren Bedeutung. Symbole verweisen somit auf eine abstrakte, ideelle Ebene. Die Bedeutung von Symbolen kann entweder feststehen oder kann erst durch die Verwendung in einem konkreten Kontext der Handlung entstehen und beim Lesen/Zuschauen entschlüsselt werden.
Symbole werden häufig benutzt, um eine Handlung zu strukturieren, Sinnzusammenhänge aufzuzeigen oder auf Kommendes hinzuweisen bzw. es vorauszudeuten. Die Verwendung vieler Symbole in einem Text ermöglicht zudem, den Modellcharakter, also auch den überzeitlichen und überlokalen Transfer zu unterstreichen.

PATER — Wir werden ein weißes Andorra haben, ihr Jungfraun, ein schneeweißes Andorra, wenn bloß kein Platzregen kommt über Nacht. [...]

SOLDAT — Wenn bloß kein Platzregen kommt über Nacht! Nämlich seine Kirche ist nicht so weiß, wie sie tut, [...] nämlich seine Kirche ist auch nur aus Erde gemacht, und die Erde ist rot, und wenn ein Platzregen kommt, das saut euch jedesmal die Tünche herab, als hätte man eine Sau drauf geschlachtet, eure schneeweiße Tünche von eurer schneeweißen Kirche.

Diese berühmte Stelle (S. 9, Z. 16–28) aus dem Ersten Bild veranschaulicht Frischs Sprach- und Symbolgestaltung im Stück: Die Aussage des Paters ist an sich schon bildhaft, das „schneeweiße Andorra", ergänzt durch „ihr Jungfraun", suggeriert das Bild von etwas, was schön, sauber, unberührt und unschuldig ist. Peiders höhnischer Kommentar ist in doppelter Hinsicht aufschlussreich: Einmal hebt er das Bild durch Hinzufügen weiterer Bilder auf die Ebene der Symbolik: „ist nicht so weiß, wie sie <u>tut</u>" und „aus Erde gemacht, und die Erde ist <u>rot</u>" und schließlich „als hätte man eine <u>Sau</u> drauf <u>geschlachtet</u>". Gleichzeitig gibt er mit seiner Wortwahl an, wie diese Symbolik zu verstehen ist.
Anders ausgedrückt, Frischs Sprache erhebt sich über weite Strecken zur Metapher, vor allem dann, wenn seine Figuren, seine Szenen auf das Grundsätzliche gelangen. Gleichzeitig zeigt er auf, wie diese Metaphorik zu verstehen ist und wann diese Bildebene Symbolcharakter annimmt. Das lässt sich Szene für Szene, Bild für Bild belegen:

- So sehen wir den glücklichen Andri im ersten Bild als Spiegel einer Metapher – „Die Sonne scheint grün in den Bäumen heut." (S. 18, Z. 1) –, sein Handeln, die Schürze rollen, erhält Symbolcharakter – beenden, neu anfangen –, seine Erklärung „So ist Glück." (S. 18, Z. 27) verdeutlicht, wie diese Symbolik zu verstehen ist.
- Der Tischler trägt seine Vorstellungen über Juden mit einer Metapher zur Schau – „[...] wenn's einer nicht im Blut hat" (S. 32, Z. 5–6). Seine Handlung, sozusagen für jeden bildlich und für jeden sichtbar auf der Wahrheit zu sitzen und sie gleichzeitig zu ignorieren, symbolisiert die Gewalt und Borniertheit, der Andri ausgeliefert ist.
- Was die Zuschauer über den Lehrer erfahren, was jener schließlich selbst über seine Ausweglosigkeit vermittelt, bewegt sich beinahe durchweg auf der Bildebene. Er zerreißt die Schulbücher, will die Andorraner vor den Spiegel zerren und sieht schließlich die Wahrheit von der Lüge, einem Egel, ausgesaugt. Im Fünften Bild symbolisiert er resigniert und alkoholisiert seine Hilflosigkeit wie Ausweglosigkeit, angesichts der Lüge, die ihre Eigenwelt geschaffen hat, der er nicht mehr Herr wird.

So ließe sich die Beispielliste in der oben aufgeführten Weise um ein Vielfaches erweitern von den „Schwarzen" (die Bösen, die Verbrecher; Anspielung auf die SS), zu denen letztlich die Andorraner selbst gehören und deshalb im Schlussbild von Barblin ihre weiße Tünche erhalten – „[...] ich weißle euch alle – alle." (S. 125, Z. 16) –, zur geschorenen (geschändeten) Barblin, die Andris Schuhe als Symbol einer Wiederkehr der Ereignisse bereithält, bis hin zur Judenschau, der „Auschwitz-Selektionsrampe", mit all ihren Dingsymbolen, den schwarzen Tüchern oder dem Pfahl und den Schuhen der Opfer. Es ist nicht Aufgabe, zusammen mit der Lerngruppe eine vollständige Analyse dieser Metaebene des Stückes zu leisten, zumal sich diese Ebene, wie gezeigt, vielfach selbst erklärt. Dennoch sollten die Lernenden das Grundsätzliche dieser Ebenen erfahren.

Didaktische Vorüberlegungen

Ein Theaterstück entsteht aus einem Text durch das Spiel im Raum auf der Bühne. Es wird „in Szene gesetzt", inszeniert. Daher liegt es nahe, sich mit den Figuren, deren Handlungen und Beweggründen auseinanderzusetzen, um zum Verständnis sowie einer kritischen Auseinandersetzung mit dem Text zu motivieren.
Deshalb reflektiert das Schülerarbeitsheft wiederholt das Inszenieren des Stücks und ist mit Szenenfotos der Memminger Inszenierung von 2011 illustriert. Wir wollen den Schülerinnen und Schülern vermitteln, was die Bühne vermag: wie sie aus einem Text über das Spiel der Figuren Emotionen gestaltet, Konflikte und Themen in Handlung umsetzt und mittels der Kraft des Vorstellungsvermögens beim Publikum Reflexionen auslösen kann. Über handlungsorientierte und theaterpädagogische Zugänge können sich die Schülerinnen und Schüler, auch arbeitsteilig, dem Werk intensiv widmen, indem sie sich austauschen, sich in Situationen und in die Figuren hineinversetzen, deren Handeln einschätzen und so Konflikte nachvollziehen, deren Entwicklung verfolgen und über Lösungsmöglichkeiten nachdenken.
Daher ist es sinnvoll, „Expertenteams" zusammenzusetzen, die nach konkreter Aufgabenstellung bestimmte Handlungsschritte oder auch Figuren in ihrem Handeln verfolgen, um diese zu analysieren, zu bewerten und ihre eigenen Interpretationsansätze bzw. auch Lösungsvarianten und Schlussfolgerungen der Klasse vor- und zur Diskussion zu stellen.

Sukzessive gemeinsame Erschließung des Werkes
Wir schlagen für die Erschließung des Modells folgende Kombination vor:

- sukzessive, häusliche/unterrichtliche Lektüre inklusive Inhaltssicherung und unmittelbar anschließender gemeinsamer Besprechung im Unterricht
- gruppendifferenzierte Arbeitsphasen im Unterricht (Expertenteams)
- Präsentations- und Diskussionsrunden im Unterricht
- individuelle Arbeitsphasen zur Erarbeitung von Schreibaufgaben sowie deren Überarbeitung
- Freiarbeitsstunden: Themenrecherche oder Erarbeiten von Hintergrundinformationen bzw. Präsentationen

Die geleitete Inhaltssicherung des Schülerarbeitshefts erfolgt über thematische Aufgaben, in denen Figurenbeziehungen sowie Entwicklungen festgehalten werden. Zusätzlich ist genügend Raum für eigene Fragen und Interpretationen gelassen, die zu einer Visualisierung im Klassenzimmer führen können.

Erarbeitungsphasen der Lektüre

Phase	Inhalt und Vorgehensweise (SH = Seiten im Schülerarbeitsheft)
I	Exposition; gemeinsame Erarbeitung des Ersten und Zweiten Bildes im Unterricht – Einführung in das Modell (SH S. 5–9)
II	Sukzessive Erschließung des Inhalts und der Thematik des Modells; häusliche Lektüre und Besprechung im Unterricht, parallel dazu Leseaufträge zur Inhaltssicherung (SH S. 10–27); Erstellen einer Handlungsübersicht (SH S. 28 f.) In der Phase der vertiefenden Erschließung der Themen und Figuren im Unterricht gruppendifferenziertes Arbeiten auch in Expertenteams (SH S. 30–45); Bildnisproblematik, Symbolik, theaterpädagogische Ansätze (Bühnenbild, Spielszenen), Figurenentwicklung, Verhaltensweisen, Schuldfrage
III	Transfer und Aktualität (SH S. 46–52); Identitätssuche, Vorurteile und Ausgrenzung, Außenseiter **Einbezug des Infoteils** (SH S. 57–64): Geschichte der Judenfeindschaft; Schuld, Recht, Verantwortung; Vorurteile und Ausgrenzung; Mobbing
IV	Übergreifende Schreibanlässe (SH S. 53–56)

Handlungsübersicht
Die Handlungsübersicht im Schülerarbeitsheft (SH S. 28 f.) begleitet mithilfe von Szenenfotos durch die einzelnen Bilder. Sie lässt Raum für das Festhalten wesentlicher „Aktionen" des Protagonisten und der Andorraner. Diese Handlungsübersicht führt dazu, dass die Schülerinnen und Schüler die zentrale Grundidee des Stückes darstellen, die Bildnisproblematik.

Strukturübersicht *Andorra*

SH 28 f.

Geben Sie den Schülern einige Hinweise zu den Einträgen. Sie finden die Übersicht vergrößert im Downloadbereich. 

Andorraner

ANDRI

Bild 1

Der Tischler findet ihn geldgierig. Der Soldat diskriminiert ihn, weil er Jude ist.

Er will sich nicht beliebt machen, schmiedet Zukunftspläne und bleibt sich treu.

Der Wirt an der Zeugenschranke

hat mitgemacht wie alle, weist die Schuld von sich

Bild 2

Ihm wurde ein Bein gestellt. Sie sagen, er habe kein Gefühl, sei geil ohne Gemüt.

Er sei feig und nicht lustig.

Er hegt Selbstzweifel und denkt viel über die anderen nach, liebt Barblin.

Der Tischler an der Zeugenschranke

wollte ihn nicht in seiner Werkstatt haben – weist Schuld von sich

Bild 3

Der Tischler behandelt ihn ungerecht und hört ihm nicht zu. Er beschuldigt ihn, einen minderwertigen Stuhl gebaut zu haben, weil ihm das nicht im Blut liege.

Er verliert seine Tischlerlehre und wird gezwungenermaßen Verkäufer.

Der Geselle an der Zeugenschranke

schiebt Andri die Schuld zu

Bild 4

Andri denkt, selbst sein Pflegevater halte ihn für nicht gut genug, da er Barblin nicht heiraten darf – er fühlt sich von der Familie verraten.

Bild 5

Entwerft selbst ein Szenenbild und klebt es auf.

Can erkennt, dass er die Wahrheit hätte sagen müssen, es aber nun zu spät ist. Er sieht schon die Reaktion der Andorraner.

Bild 6

Jemand freut sich über Andris Abwesenheit.

Andri schmiedet Pläne, mit Barblin wegzugehen. Er verändert sich, weist Can ab.

Der Soldat dringt in Barblins Kammer ein. Can versucht vergeblich, Andri die Wahrheit zu sagen.

Der Soldat an der Zeugenschranke

Bild 7

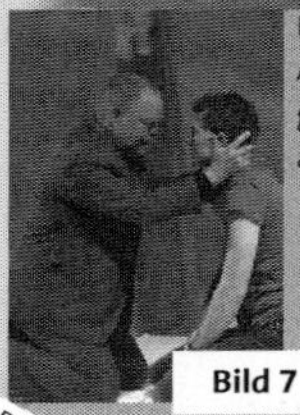

Der Pater will Andri dazu bewegen, sich selbst anzunehmen.

Andri will nicht anders sein, resigniert aber.

Der Pater kniet im Vordergrund

hat sich ein Bildnis von Andri gemacht; gesteht Schuld ein

Bild 8

Andri provoziert absichtlich die Prügelei.

Der Doktor spielt die Gefahr eines Angriffs herunter. Die Senora wird nur vom Wirt gespielt gastfreundlich behandelt, sonst diskriminiert. Andri wird verprügelt.

Die Senora und der Lehrer im Vordergrund

Hinterfragen von Cans Lüge

Bild 9

Andri hat sich beobachtet und festgestellt, dass er dem Bild der Andorraner entspricht. Er wünscht sich den Tod.

Der Pater sagt Andri die Wahrheit über seine Herkunft. Die Senora wird getötet.

Die Andorraner sagen, es sei Andri gewesen.

Jemand an der Zeugenschranke

will nicht mehr über das Geschehene nachdenken

Bild 10

Andri versteckt sich nicht, er hat den Stein nicht geworfen.

Die Andorraner ziehen sich feige zurück, als die Schwarzen einrücken. Sie sind der Meinung, dass sie nichts zu befürchten haben.

Zwei schwarze Soldaten patrouillieren

Bild 11

Andri behandelt Barblin grob, will von ihr, was sie Peider gegeben hat.

Die Soldaten, nun auf der Seite der Schwarzen, suchen nach Andri, um ihn wegen des Mordes an der Senora zu verhaften.

Der Doktor an der Zeugenschranke

wäscht sich rein, weist alle Schuld von sich

Bild 12

Andri wehrt sich nicht und kann sich nicht mehr verteidigen.

Andri wird durch die Judenschau an den Pfahl gebracht und getötet, da er bereits vorverurteilt ist.

Andri versucht, sein eigenes Leben aufzubauen, wird dabei mit den Vorurteilen der Andorraner konfrontiert.

Andri reagiert nun auf das Bildnis, übernimmt es und richtet seine Aktionen gegen alle, auch gegen sich selbst.

Die Kernfrage des Stückes dreht sich darum, wer in welcher Art und Weise für den unaufhaltsamen Weg in die Katastrophe verantwortlich ist.

Die Andorraner meinen: „Was hat unsereiner denn eigentlich getan? Überhaupt nichts." (S. 104, Z. 7–8)

Untersuche diese Behauptung, indem du nachvollziehst, wie sich das Bildnis der Andorraner von Andri auf den Jungen selbst auswirkt.

Hierfür trägst du wichtige Handlungen, aber auch Worte, Gedanken und Einstellungen der Andorraner zu Andri zu den jeweiligen Bildern im äußeren, dunklen Kreis ein.

Andri wiederum reagiert auf das Verhalten der Andorraner. Trage auch seine Reaktionen im inneren, hellen Kreis ein.

So erhältst du einen Überblick über die Handlung und kannst zur Frage von Schuld und Verantwortung Stellung beziehen.

Es ist von Vorteil, dass Sie als Lehrperson eine vereinfachte Strukturübersicht als Orientierung in der Hand haben. Es liegt in Ihrer Entscheidung, ob Sie diese Strukturübersicht auch als Kopie zur Verfügung stellen (natürlich unter Berücksichtigung eines konkreten Zeitpunktes), ob Sie diese gemeinsam mit der Lerngruppe erarbeiten wollen oder sie lediglich als Hilfsmittel für sich selbst nutzen.

Gemeinsames Erarbeiten dieser Strukturübersicht mit den Lernenden:

- Vorbereitung einer für alle sichtbaren Darstellung: mit geringstem Aufwand als Worddokument (Tabelle) über Beamer zu bewerkstelligen
- parallel zur Inhaltssicherung im Schülerarbeitsheft: Auftrag während des Lesens, entscheidende Ereignisse festzuhalten und in die Übersicht einzuarbeiten
- zeitlicher Modus: entweder zu Beginn einer jeden Stunde als Einstieg/Probleme klären/Fragen stellen – oder individuell und erst am Schluss im Plenum besprechen

Aufbau der Handlung								
Exposition		**Entfaltung des Konflikts**		**Höhepunkt**		**Weg in die Katastrophe oder Lösung/retardierendes Moment**		**Katastrophe**
Bild 1 und 2		**Bild 3 bis 7**		**Bild 8**		**Bild 9 bis 11**		**Bild 12**
Das Publikum wird mit den wichtigsten Figuren und der Thematik des Stückes konfrontiert; Andeutung des Kommenden.	*an der Zeugenschranke*	Das Geschehen/der Konflikt entwickelt sich beschleunigt weiter; der Protagonist wird in die Enge getrieben.	*an der Zeugenschranke im Vordergrund*	Wendepunkt in der Handlung; der Protagonist macht eine entscheidende Auseinandersetzung durch, seine Reaktion ist unerwartet.	*im Vordergrund*	Der Protagonist geht auf den Abgrund zu; die Handlungsentwicklung wird noch einmal kurz verzögert, ein Hoffnungsschimmer keimt auf.	*an der Zeugenschranke im Vordergrund*	Der Protagonist scheitert, der Konflikt konnte nicht aufgelöst werden, das Publikum bleibt in der eigenen Auseinandersetzung und Bewertung mit den Geschehnissen zurück.
Aktion der Andorraner				**Re-Aktion von Andri**				
Andri wird mit dem vorgefertigten Bild der Andorraner von Juden konfrontiert. Er erfährt ihr Denken und erträgt ihre offensiven verbalen Anfeindungen mit der Vorstellung, seinen Lebenstraum verwirklichen zu können. Zunehmend prüft er das Bildnis mit sich selbst ab.	*„Reflexion" des Wirtes und des Tischlers*	Andri empfindet Glück bei der Vorstellung seiner Zukunft mit Barblin, seiner Frau, und seinem Dasein als Tischler. Allerdings wissen die Andorraner und auch sein Vater dieses Glück zu verhindern, und zwar durch Vorurteile und Lügen zu ihren eigenen Gunsten.	*„Reflexion" des Gesellen und des Soldaten „Geständnis" des Paters mit Einräumung*	Andri hat das Bildnis der Andorraner von ihm angenommen und ist nicht bereit, nach Enthüllung seiner wahren Herkunft diese anzunehmen.	*Gespräch Senora – Lehrer; Schuldzuweisung an den Lehrer*	Mit dem Auftreten seiner Mutter und der Hoffnung auf die Wahrheit scheint sich die anbahnende Katastrophe noch einmal abwenden zu lassen. Alle Hoffnung schwindet mit dem Tod der Senora, Andris vorhergesehenes Schicksal scheint sich zu erfüllen.	*„Reflexion" des Jemand und des Doktors Patrouille der Soldaten der „Schwarzen"*	Die Korrektur des Bildnisses lässt Andri nun nicht mehr zu. Die Schuldverstrickung der Andorraner ist so weit gediehen, dass sie ihn zum Sündenbock für ihr eigenes Verhalten machen. Das weiße Andorra wird schwarz.

Das Schülerarbeitsheft im Überblick

Das Heft ist in sechs Teile gegliedert:

Teil	Seiten	Zielstellung	Inhalte
I	5–9	**Erarbeitung der Ausgangssituation (Exposition)**	– Umgang mit dem Bühnenwerk – Aufbau des Ersten Bildes – Inhaltssicherung – erste Vordergrundszene (Funktion und Inhalt) – Vorstellung der Andorraner – Spurenlegen für die Themen des Stückes – Untersuchung des Zweiten Bildes – Inhaltssicherung – Verhältnis zwischen Barblin und Andri – Ausdeutung des Endes von Bild Zwei im Hinblick auf den möglichen Fortgang der Handlung – Aufgaben (Angebote) für Expertenteams
II	10–27	**Arbeitsaufträge zur Inhaltssicherung bei der Lektüre** zu Inhalt, Figuren und Themen/Motiven (Bilder 3–12)	– Inhaltssicherung nach Bildern – Bewertungen und erste Deutungen von Situationen und Handlungsweisen – Musterschreibaufgabe zum Dritten Bild – kleinere Schreibaufgaben zur Vertiefung in Figuren – Zeugenschranke im Vordergrund
	28 f.	**Handlungsübersicht**	Handlungsübersicht anhand von Szenenfotos ergänzen
III	30–41	**Vertiefende Erschließung** von Figuren, Verhaltensweisen, Konflikten	– Bühnenbild zu Andorra – Pater – Andri – Andris Situation, sein Denken und Handeln, der Weg in die Katastrophe – Andris Eltern/Andris Familie – die Andorraner und ihr Verhältnis zu Andri – Projektion, Andri als Sündenbock, Andris Entwicklung – Judenschau – Bewertung des Verhaltens der Andorraner
IV	42–52	**Vertiefende Erschließung** von Symbolik, Themen, Schuld und Verantwortung, Gegenwartsbezug	– Symbole und ihre Funktion im Werk untersuchen – Wer trägt die Schuld am Ausgang der Geschichte? – Der Fall Andri vor Gericht – Identität und Identitätssuche – Thema „Vorurteile und Ausgrenzung“
V	53–56	**Übergreifende Schreibanlässe** Themen, Zusammenhänge und Figurenentwicklungen	– erfordern Inhaltssicherheit und das Verständnis der Figuren – Vorbereitung für die Prüfung/Klassenarbeit
VI	57–64	**Informationen, Materialien**	– Geschichte der Judenfeindschaft – Schuld, Recht, Verantwortung – Vorurteile und Ausgrenzung, Mobbing

Organisation des Unterrichts

Szenenfotos

Visuell begleitet wird der Erarbeitungsprozess durch Szenenfotos der Aufführung aus dem Landestheater Schwaben, Memmingen und Szenenfotos der Schulinszenierung von Frau Backes, die dem besseren Verständnis der Handlung/der Figuren und ihrer Handlungsmotive dienen. Sie können natürlich von Ihnen auch anderweitig funktional eingesetzt werden, um entscheidende Signalstellen nachzuvollziehen bzw. zu diskutieren und so das Hineinversetzen der Schülerinnen und Schüler in die Figuren zu unterstützen. Insbesondere bei der Erarbeitung eines Bühnenwerkes, ohne dies gesehen zu haben, bieten Szenenfotos Ansätze, Darstellungs- und Interpretationsmöglichkeiten von Theater zu thematisieren. Auch im Hinblick auf die Symbolik im Werk können die Szenenfotos eine Rolle spielen.

Expertenteams

Bei der Überlegung, einige Schwerpunkte der Erschließung eines literarischen Werkes in die Hände von Expertenteams zu legen, die sich anhand ausgewählter Aufgaben im Schülerarbeitsheft gezielt damit beschäftigen, muss immer die Organisation der Arbeit und der Ergebnispräsentation sowie die Zusammenführung und Sicherung der Erschließungsergebnisse für alle Schülerinnen und Schüler im Fokus stehen.
Die Arbeit in Expertenteams bietet sich bei *Andorra* an, um zeiteffektiv zu arbeiten, aber auch um eine kritische Auseinandersetzung mit der Thematik aus unterschiedlichen Perspektiven zu fördern.
Durch diese gruppendifferenzierte Vorgehensweise kann ein Klassenergebnis präsentiert werden, das eine tiefgründige Auseinandersetzung mit dem Modell selbst, vor allem aber mit dem Verhalten der Figuren und der Aktualisierung der Thematik abbildet. Nicht zu vergessen ist der Effekt, dass eine solche Präsentation nachhaltig in Erinnerung bleibt, da sie nicht nur kognitiv angelegt ist, sondern den handlungs- und produktionsorientierten Prinzipien modernen Unterrichts Rechnung trägt. Die Stärken der Schülerinnen und Schüler werden differenziert angesprochen, denn die Teamgestaltung ist in puncto Kompetenzentwicklung sehr vielfältig.

Hier im Lehrerheft finden Sie Hinweise, wann ein **Expertenteam** speziell angesprochen wird und auch, an welcher Stelle eine **Ergebnissicherung** für alle sinnvoll wäre.

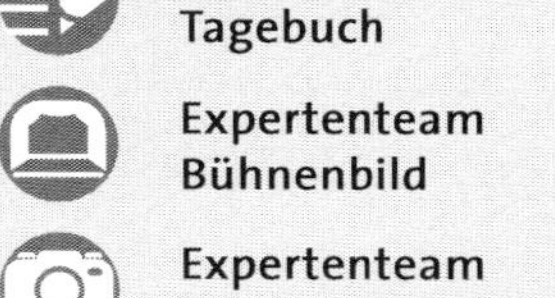

Expertenteam Tagebuch

Expertenteam Bühnenbild

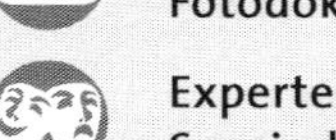

Expertenteam Fotodokumentation

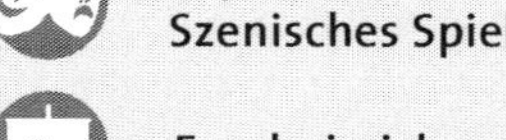

Expertenteam Szenisches Spiel

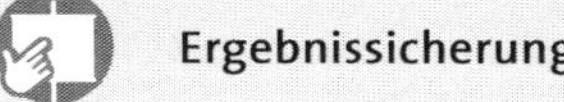

Ergebnissicherung

Mögliche Präsentationsformen: anschaulicher Kurzvortrag, Handout, Moderationstafeln (Metaplan), PowerPoint-Präsentation, szenisches Spiel mit Beobachtungsbogen, Rätsel ...

Die Zusammenstellung der Expertenteams sollte vorrangig auf freiwilliger Zuordnung entsprechend der Interessen und Neigungen beruhen, sodass alle Lernenden integriert werden.
Für die Arbeit der Expertenteams muss im Unterricht Zeit eingeräumt werden, in der der Unterricht als Freiarbeit konzipiert ist. Da nicht alle Expertenteams immer gleichzeitig an ihrer Aufgabe arbeiten, ist eine arbeitsteilige Herangehensweise in Kombination mit Gestaltungs- und vor allem Schreibaufgaben sinnvoll. Bei den Schreibaufgaben kann hier besonders Wert auf die Stoffsammlung in einer Gruppe oder auch auf das Überarbeiten in Schreibkonferenzen gelegt werden. Entstandene Ergebnisse werden dann allen Schülerinnen und Schülern zum Lesen zugänglich gemacht.
Die Arbeit an der vertiefenden Erschließung des Werkes wird so organisiert, dass Unterrichtsphasen eingebaut werden, die dem Vergleichen und gegebenenfalls auch Diskutieren von Gruppen- bzw. Teilergebnissen dienen. Wenn die Abstände solcher „Zusammenführungsstunden“ nicht zu groß gewählt werden, ziehen sich diese auch nicht in die Länge und garantieren den annähernd gleichen Kenntnisstand bei allen Schülerinnen und Schülern der Klasse zum Inhalt und zu den Konflikten des Stückes.
Bei der Ergebnissicherung für alle ist darauf zu achten, welche Seiten im Schülerarbeitsheft durch die Expertenteams aufbereitet und als Lösungsvariante allen zur Vervollständigung zur Verfügung gestellt werden können. Auch muss eine zeiteffektive Vorstellungsvariante gesucht werden.
Unser Teambildungsvorschlag kann komplett oder auch in reduzierter Form angewendet werden. In Ihrem Ermessen liegt es auch, keine gruppenteilige Arbeitsweise zu favorisieren. In diesem Fall entnehmen Sie die Anregungen, die Ihnen wichtig erscheinen, für Ihren Unterrichtsablauf.

Für alle Expertenteams gilt:
Verwendet für eure Aufgabe entsprechende Arbeitsblätter im Schülerarbeitsheft und entscheidet euch für eine geeignete Präsentationsform.

	Expertenteam	Aufgabe	Schülerarbeitsheft	Hinweise
1	**Tagebuch** Arbeitsauftrag wird bei Erarbeitung von Bild 2 erteilt.	Verfasst an unterschiedlichen Stellen der Handlung Tagebucheinträge verschiedener Figuren.	S. 9, 13, 23, 27	Unbedingt sollten Barblins und Andris Tagebucheinträge verfasst werden. Es bieten sich aber auch Can, der Wirt und weitere Figuren an. Die Schreibenden sollten selbst auswählen und ihre Tagebücher entsprechend der Figuren gestalten.
2	**Szenisches Spiel** Arbeitsauftrag wird bei Erarbeitung von Bild 3 erteilt.	Stellt markante Szenen im Spiel dar. Nutzt dabei verschiedene theaterpädagogische Verfahren, um in die Figuren hineinzuschauen.	S. 24, 31, 34, 37, 39, 45, 50, 52	Günstig wäre es, die erarbeiteten Szenen per Video festzuhalten, sodass sie als Diskussionsgrundlage bereit stehen. Die Gruppe erhält eine Übersicht zu den theaterpädagogischen Verfahren.
3	**Bühnenbild** Arbeitsauftrag wird bei Erarbeitung von Bild 1 erteilt.	Entwerft eigene Bühnenbilder entsprechend der Handlung in einzelnen Bildern. Achtet dabei besonders auf die Darstellung bestimmter Symbole.	S. 5, 7, 27, 39	Über das Anfertigen von Skizzen hinaus besteht natürlich die Möglichkeit, in häuslicher Arbeit auch Modelle herzustellen. Ebenso könnten Kostümentwürfe (Figurinen) eine Rolle spielen.
4	**Fotodokumentation** Arbeitsauftrag wird bei Erarbeitung von Bild 4 erteilt.	Fotografiert erarbeitete Standbilder und bereitet sie zur Präsentation vor der Klasse auf.	S. 13, 28, 31, 45, 52	Die Zusammenarbeit mit den **Expertenteams Szenisches Spiel und Bühnenbild** ist hier ebenfalls sinnvoll.

Anregungen zur Präsentation für das Expertenteam Fotodokumentation:

Standbild:

Schülerinnen und Schüler gestalten mit ihren Körpern (Gestik/Mimik) die Darstellung eines Problems, eines Themas oder einer Situation. Ohne Worte können so Haltungen, Einstellungen, Gefühle oder Beziehungen von Personen zueinander verbildlicht werden. Als Bildfolge ist auch die Darstellung von Persönlichkeitsentwicklungen möglich.
Im Zentrum der Standbildmethode stehen die Beziehungen der Figuren zueinander.

- Ein Team besteht aus dem „Bildhauer“ (Regisseur) und den Darstellenden („bewegliche Puppen“).
- Der Bildhauer modelliert das Körperbild Schritt für Schritt.
- Die Darstellenden übernehmen die Gestik und Mimik, die ihnen vorgegeben werden.
- Die Beobachtenden interpretieren das Standbild – am besten, wenn ein Foto davon existiert, sodass man in eine Diskussion eintreten kann.

Hinweise:
- geeigneten Platz im Raum festlegen (eventuell Podeste nutzen)
- Personen im Raum anordnen
- Nähe und Distanz, Höhe und Tiefe, Körperhaltung gezielt einsetzen
- vor dem Fotografieren den „Freeze-Zustand“ herstellen (keinerlei Bewegung im Gesicht und am gesamten Körper)

Fotos, die für die Ergebnissicherung auf den Arbeitsblättern im Schülerarbeitsheft dienen, müssen entsprechend vervielfältigt werden, damit sie jeder in seinem Heft einkleben kann.

Anregungen zur Präsentation für das Expertenteam Szenisches Spiel:

a) Hilfs-Ich

Ein Hilfs-Ich ist im Grunde genommen eine „Doppelbesetzung“ einer Rolle beim darstellenden Spiel. Während des szenischen Spiels tritt das „Hilfs-Ich“ hinter die betreffende Figur. Durch eine Berührung (Auflegen der Hand auf die Schulter) gibt man dieser zu verstehen, dass man sich als Hilfs-Ich äußern möchte. Dann äußert man sich in Ich-Form, wie die Situation empfunden wird, welche Gedanken dabei kommen und wie man weiter vorzugehen gedenkt. Somit kann das Hilfs-Ich unterstützen oder auch die Gedanken in eine andere Richtung lenken. Eingesetzt werden kann das Hilfs-Ich besonders in Entscheidungssituationen einer Figur oder bei der Suche von Argumenten, um zu einer Konfliktlösung bzw. -bewertung zu kommen.

b) Konfrontationsfigur

Zwei Teammitglieder bekommen dieselbe Rolle zugeteilt und bereiten sich auf die zu spielende Situation vor, in der sie sich gegenseitig unterstützen können. Günstig ist es, Aufgaben zu stellen, bei denen Argumente für die Begründung einer bestimmten Einstellung/eines bestimmten Verhaltens einer anderen Figur gegenüber zu sammeln sind. Ziel ist es, dadurch die Einstellung nachvollziehbar darzustellen (schriftliche Notizen sind hilfreich). Die restliche Klasse wird in Gruppen aufgeteilt, die jeweils eine Gegenfigur erfinden, die versucht, besagte Einstellung oder Verhaltensweise der Bezugsfigur zu verändern. Die Gruppen sammeln Argumente, die helfen sollen, die Bezugsfigur umzustimmen (schriftliche Notizen und eine Vorgehensstrategie sind notwendig). Ob es zu einer Verhaltensänderung kommt, entscheidet der Spielverlauf. Die Lehrperson kann als Gruppenmitglied fördernd und strukturierend in das Spiel eingreifen und es auch an einem passenden Punkt beenden.

c) Kreuzverhör

Bei dieser Aufgabe werden zwei Teammitglieder bestimmt, die die Rolle einer Figur übernehmen. Sie sollen Argumente sammeln, die ihr Verhalten in einer bestimmten Situation rechtfertigen bzw. nachvollziehbar machen. Die übrigen Schülerinnen und Schüler werden in Gruppen aufgeteilt, die jeweils Fragen formulieren, die die beiden anderen in einem Kreuzverhör beantworten müssen, um deren Handlung einer Prüfung zu unterziehen und die Figur anzuregen, über ihre Entscheidung noch einmal nachzudenken. Hierbei sitzen sich die Fragenden und die Figurenbesetzungen gegenüber. Ziel ist die Bewertung eines Verhaltens.

Übergreifende Schreibanlässe

Übergreifende produktive Schreibaufgaben dienen der Auseinandersetzung mit dem Denken und Handeln der Figuren in Bezug zu wichtigen Thematiken. Solche Schreibaufgaben verlangen ein breites Textverständnis. Beim Schreiben müssen Lektürekenntnisse und Textverstehen eingebracht und entsprechend der Aufgabenstellung entschieden werden, welche Ereignisse und Inhalte in die Aufgabe integriert sein sollen.
Am Ende der Lektüre setzen sich die Lernenden mit verschiedenen solcher übergreifenden Schreibaufgaben, wie sie in der Prüfung vorkommen können, auseinander. Das Schülerarbeitsheft stellt drei Aufgaben vor (S. 53–56); dieses Lehrerheft enthält weitere Vorschläge.

Hinweise zum Umgang mit dem Schülerarbeitsheft
Das Schülerarbeitsheft unterbreitet ein großes Angebot an Aufgaben und Techniken, die den Lernenden differenzierte Zugänge zur Dramenhandlung, zu dessen Figuren und Themen ermöglichen. Der erste Teil bis S. 29 dient der Inhaltssicherung.
Im Großen und Ganzen ist es durchaus möglich, mit dem Schülerarbeitsheft linear zu arbeiten, was der sukzessiven Herangehensweise an die Erschließung entspricht. Kapitelübergreifende Aufgaben, vorrangig ab S. 31, thematisieren Entwicklungen und Bewertungen. Das Schülerarbeitsheft ist ein Angebot, mit dem Sie jederzeit auch eigene bzw. sich aus der Unterrichtsdiskussion ergebende Schwerpunkte setzen können.
Eine sukzessive Arbeit mit dem Schülerarbeitsheft ermöglicht es, am Ende der Unterrichtseinheit Folgendes zu sichern:

- Übersicht über die Handlung, die zentralen Themen und Fragestellungen
- Übersicht und Verständnis zu den einzelnen Figuren, deren Handlungsweisen und sich daraus ableitende Bewertungen
- Verständnis von Symbolen und deren Einbeziehung in die Figurencharakteristik und Handlungs- bzw. Konfliktentwicklung
- Verständnis von Möglichkeiten des Theaters, Stoffe zu aktualisieren und darzustellen
- Unterstützung des Textverständnisses durch Textstellen und Schreibaufgaben
- Übertragung der Erkenntnisse und Bewertungen auf die eigene Lebenswelt

Die Formulierungen der Aufgabenstellungen lassen eine gruppenteilige Bearbeitung zu, wobei natürlich die Ergebnissicherung immer obligatorisch sein muss. Hinweise für geeignete Formen finden Sie im Lehrerheft bei den entsprechenden Lösungsvorschlägen.
Entsprechend Ihrer Planung ist es möglich, die Lösung von Aufgaben im Unterricht oder auch zu Hause vornehmen zu lassen. Die Erarbeitung einzelner Sequenzen des Schülerarbeitsheftes in Eigenregie ist hierbei ebenso denkbar und realisierbar.
Die Vielzahl der Schreibanlässe im Schülerarbeitsheft lässt sich in den Unterrichtsstunden allein nicht bewältigen. Deshalb bieten sich Hausaufgaben oder auch die Arbeitsteilung mit als Partner- oder Gruppenarbeit an. Dennoch sollten alle Jugendlichen im Erschließungsprozess viele der Schreibanlässe lösen können. Wichtig ist natürlich, die Ergebnisse der Schreibaufgaben auch zu besprechen und zu vergleichen. Hierfür finden Sie Hinweise im Lehrerheft bei der entsprechenden Unterrichtssequenz.
Die drei zentralen Schreibaufgaben im SH auf S. 53–56 können sowohl zum gemeinsamen Erarbeiten und Besprechen, zum Üben und Anwenden des Wissens und der Arbeitstechniken wie auch als Aufgabe in einer Klassenarbeit verwendet werden. Es ist zu empfehlen, dass jede Schülerin/jeder Schüler mindestens eine Aufgabe erarbeitet.

Das Angebot, einzelne Handlungsweisen bzw. Situationen im szenischen Spiel oder auch als Standbild darzustellen, sollte unbedingt genutzt werden, um eine weitere Zugangsmöglichkeit für zu schaffen. Daher haben wir einen „Abschluss“ der Handlung, bei dem die Schuldigen zur Verantwortung gezogen werden sollen, auch als Spiel konzipiert, an dem alle Lernenden teilnehmen. Dies verinnerlicht noch einmal das Verständnis, dass es sich bei *Andorra* um ein Bühnenstück handelt.

Erarbeitungsphase I – Die Exposition

In der Einführungsstunde liegt der Fokus auf der Anlage des Stückes, der Einteilung der einzelnen Bilder in Szenen, kenntlich gemacht durch Regieanweisungen, sowie auf der Einführung in die Themen des Modells. **SH 5**
Im Verlauf des Ersten und Zweiten Bildes lernt die Lerngruppe Andris besondere Situation kennen, seinen Versuch, sein Lebensglück zu gestalten, Tischler zu werden und Barblin zu heiraten. Dabei begegnen ihm die Andorraner mit dem vorgefertigten Bild des Juden (Soldat, Tischler, Wirt), das ihn an seinem Ich zweifeln lässt. Barblins Fragen an den Pater, der Pfahl und das Auftreten des Wirtes vor der Zeugenschranke deuten das schlimme Ende an.

Zum Einstieg bietet sich die Vorrede von Max Frisch zu seinem Drama an, welche sich auf dem Hörbuch als Vorrede zum Ersten Bild befindet (2:33 Minuten). Frisch stellt sein Modell vor und wirft dabei Fragen auf, die sich den Schülern ebenfalls stellen werden. Man könnte die Schülerfragen und Anmerkungen auf Kärtchen zusammentragen und diese an verschiedenen Stellen, auch bereits in der Exposition, klären bzw. als Ausgangspunkt für Diskussionen oder auch als Orientierung für das Arbeiten im SH nutzen.

Für die Exposition wird zunächst das Erste Bild detailliert erarbeitet. Hierfür kann dieses als Hördatei in Verbindung mit eigenständigem Mitlesen vorgespielt werden oder einige Freiwillige aus der Klasse, die sich vorbereitet haben, lesen in verteilten Rollen das Erste Bild. **SH 6**
Besonderes Augenmerk legen die Jugendlichen auf die Regieanweisungen, die jeweils einen Szenenwechsel ankündigen. Die analog dazu vorbereitete Tabelle im Schülerarbeitsheft (SH S. 6) kann entweder in Partnerarbeit komplett oder einzelne Szenen gruppenteilig erarbeitet werden. Die Ergebnisse werden vorgestellt, sodass alle die Informationen eintragen können.

Erstes Bild | S. 7–23

Schauplatz	Personen	Überschrift/Inhalte	Elemente der Handlung (Informationen/Fragen)
„Vor einem andorranischen Haus. Barblin weißelt die schmale und hohe Mauer [...]“ (S. 7, Z. 1–2) *„Im Vordergrund, rechts, steht ein Orchestrion. Hier erscheinen – während Barblin weißelt – der Tischler, ein behäbiger Mann, und hinter ihm Andri als Küchenjunge.“* (S. 8, Z. 6–9)	***Szene 1***	***Vergeblicher Annäherungsversuch***	
	Barblin redet mit Soldat Peider Tischler – Andri	*– Peider verspottet Barblins Verlobten.* *– Barblin ist fleißig, weißelt das Haus und bereitet sich auf den Sanktgeorgstag vor.* *– Soldat Peider bedrängt Barblin unzüchtig.* *– Andri arbeitet als Küchenjunge.* *– Andri ist dem Tischler behilflich und bekommt dafür murrend ein Trinkgeld.* *– Andri steckt das Geld ins Orchestrion.*	*– Der Tischler scheint Andri nicht zu mögen.* *– Barblin ist verlobt und weist den Soldaten energisch ab.*
	Szene 2	***Barblins Angst wegen eines wahrscheinlich bevorstehenden Angriffs***	
	Pater kommt hinzu, redet mit Barblin; Soldat verschwindet; Pater fährt weg	*– Barblin befragt den Pater nach dem Gerücht über einen bevorstehenden Überfall der Nachbarn, der Schwarzen.* *– Der Pater ist verärgert über Vaters Verhalten und seinen Alkoholkonsum.* *– Der Pater lobt Andorra als tadelloses Land.* *– Der Pater geht nicht auf Barblins Fragen ein.*	*- Anscheinend glaubt Barblins Vater, dass Andri verfolgt wird.* *- Der Pater macht eine Andeutung, dass Andri <u>noch nicht</u> zu Schaden gekommen ist – also später?*

	Szene 3	***Vorahnung***	
	Jemand kommt aus der Pinte und redet mit Barblin.	*– Barblin hat Angst vor den Schwarzen und um Andri als Juden.* *– Der Jemand spricht symbolisch aus, was kommen wird:* „Es hängt etwas in der Luft." (S. 12)	*– ein angespanntes Verhältnis zwischen den Einheimischen und dem Vater* *– Die Namenswahl ist nicht zufällig – „Jemand" könnte also „jeder" sein.* *– Anspielung auf das Schicksal der Juden – auf Andris Schicksal*
	Szene 4	***Verhandlungen um eine Lehrstelle***	
„Man sieht den Platz von Andorra. Der Tischler und der Lehrer sitzen vor der Pinte." (S. 12, Z. 12–13)	Der Tischler und der Lehrer verhandeln.	*– Der Lehrer versucht, eine Tischlerlehre für Andri zu bekommen – er soll viel Geld dafür bezahlen.* *– Der Tischler spricht Andri die Eignung für diesen Beruf ab.* *– Der Lehrer sieht einen Pfahl.* *– Can deutet an, die Wahrheit zu sagen.*	*– Der Tischler hat Vorurteile gegenüber Andri, sieht ihn eher im Geldgeschäft, da das typisch für Juden sei.* *– der Pfahl als Hinweis auf das tragische Ende* *– Was ist die Wahrheit des Lehrers?*
	Szene 5	***Nur ans Geld denken***	
„Krawall in der Pinte." (S. 18, Z. 30) *„Heraus stolpert der Soldat [...]."* (S. 19, Z. 4)	Der Lehrer und der Wirt unterhalten sich, Barblin kommt dazu.	*– Der Wirt wittert sofort ein Geschäft und will dem Lehrer Land abkaufen, damit der Andris Lehre bezahlen kann.* *– Der Lehrer sieht den Pfahl immer deutlicher und fragt sich nach dessen Funktion.* *– Der Wirt sieht ihn nicht und wiegelt ab.* *– Der Lehrer ertränkt seine Wut in Schnaps, Barblin ist traurig darüber.*	*– Ähnlichkeit der Andorraner mit den Vorurteilen gegen Juden beim Thema „Geld" und „Geschäftemacherei"* *– Der Wirt betont explizit, dass er nichts gegen Andri hat.*
	Szene 6	***Andri im Glück***	
„Auftritt Andri, der seine Jacke anzieht." (S. 19, Z. 23)	Andri passt Barblin bei der Prozession ab.	*– Andri sagt Barblin, dass er Tischler werden wird.* *– Andri ist überglücklich und legt seine Schürze als Küchenjunge ab.*	*– Andri hat Zukunftspläne für Beruf und Liebe.*
	Szene 7	***Vorurteile und Vorwürfe***	
	Andri und Soldat Peider	*– Der betrunkene Soldat erniedrigt und diskriminiert Andri, weil er Jude ist.* *– Er verlangt von ihm, dass er sich beliebt macht.* *– Andri versucht alles zu entkräften und verhält sich selbstbewusst.* *– Peider wirft ihm Feigheit vor.*	*– Andri scheint die Vorurteile nicht ernst zu nehmen und wendet sich ab.*

SH 5 **Der Pfahl**

Der Pfahl ist ein Symbol, welches an dieser Stelle allerdings noch nicht ausgedeutet wird. Es ist zu erwarten, dass die Lernenden die Hinweisfunktion des Pfahls erkennen und den Zusammenhang mit einzelnen Figuren antizipieren. Hierzu dient die Grafik im SH S. 5, die nun vervollständigt werden kann.

Barblin erwähnt den Pfahl als erste – an ihn binden die Schwarzen Juden und schießen ihnen dann ins Genick:
Ein Szenario, das sie für Andri vorahnt.

Der Wirt sieht den Pfahl nicht, versucht aber dennoch, eine Erklärung für sein Vorhandensein zu finden.
Er findet den Pfahl nicht schlimm: „Was ist dabei!" (S. 16, Z. 26), wahrscheinlich findet er ihn sogar nützlich.

Der Lehrer sieht im Gespräch mit dem Tischler einen Pfahl. Mit „sehen" ist eigentlich „vorhersehen" gemeint. Can meint, dass ihn alle „sehen", also auch die Andorraner. Zusammen mit dem Strick entwickelt sich in der Vorstellung des Rezipierenden ein Mordinstrument.
Auch der Lehrer hat also eine Vorahnung von etwas Schlimmem.

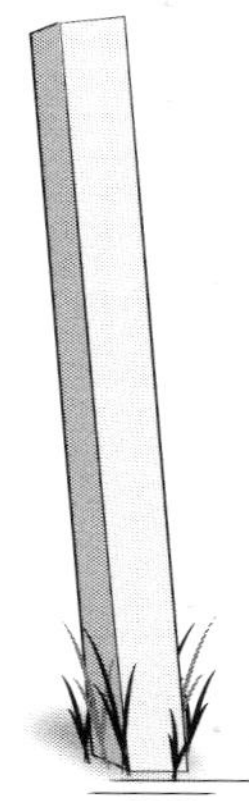

Der Tischler dreht sich zwar um, sieht den Pfahl aber nicht, sondern lacht über den Lehrer. Dennoch entgegnet er, dass kein Grund besteht, warum hier kein Pfahl stehen sollte:
Indirekt wird deutlich, dass er sich nicht über einen Pfahl (und jemanden daran) wundern würde.

An dieser Stelle kann der Bogen zu den Fragen Barblins an den Pater gespannt werden: „Wenn einmal die Schwarzen kommen, dann wird jeder, der Jud ist, auf der Stelle geholt. Man bindet ihn an einen Pfahl [...], man schießt ihn ins Genick." (S. 12, Z. 17–20). Der Pater lässt die Fragen unbeantwortet und die Schüler/-innen erkennen, dass das Stück wohl diese Fragen beantworten wird. Entscheidend dabei wird sein, herauszufinden, wer und was Andri an den Pfahl bringt.

Bühnenbild

An dieser Stelle wird das **Expertenteam Bühnenbild** aus ca. 4 Personen zusammengestellt und bekommt seinen Arbeitsauftrag. Das Team organisiert sich selbst und kann in den Freiarbeitsphasen im Unterricht an Skizzen und Modellen arbeiten. Wichtig ist, dass das Team auch entscheiden kann, wann es einen Entwurf erläutert bzw. zur Diskussion stellt. Neben den im Schülerarbeitsheft vorhandenen Aufgaben (siehe SH S. 5 und 7) kann sich das Team auch noch eine weitere Szene wählen, wenn es das Zeitmanagement erlaubt.

Arbeitsauftrag

Entwerft eigene Bühnenbilder entsprechend der Handlung in einzelnen Bildern (SH S. 5, 7, 27, 39).
Achtet dabei besonders auf die Darstellung bestimmter Symbole.

Expertenteam Bühnenbild

Um die Bedeutung des Pfahles zu untersuchen, könnte das **Expertenteam Bühnenbild** zunächst ein Bühnenbild zeichnen (Gespräch: Lehrer, Tischler im Ersten Bild). Einige Entwürfe zeigen vielleicht den Pfahl, andere möglicherweise nicht. Sollte niemand den Pfahl berücksichtigen, können Sie danach fragen. Ansonsten ergibt sich die folgende Frage zwangsläufig: „Ist der Pfahl auf der Bühne oder ist er nicht auf der Bühne?"

Max Frisch über den Pfahl

Ist der Pfahl für alle von Anfang an sichtbar – oder sieht ihn nur der Lehrer? Wird er nur, wie andere Regisseure das in ihren Inszenierungen machten, am Ende gezeigt, wenn Andri ermordet wird?
Auch Max Frisch hat sich lange dazu Gedanken gemacht. Anfangs wollte er, dass von Anfang an der Pfahl auf der Bühne steht. Frisch überlegte sogar, einen Häftling am Pfahl anbinden zu lassen, der während der Handlung ständig sichtbar ist. Diese Idee verwarf er jedoch wieder.
So blieb der leere Pfahl auf der Bühne, an dem am Schluss Andri hingerichtet wird. Als Frisch auf Empfehlung eines Regisseurs auch das Zeigen der Hinrichtung auf der Bühne strich, strich er auch den sichtbaren Pfahl.

Er meinte dazu: „Gerade dadurch, dass wir den Pfahl nicht mehr mit Augen sehen, sondern nur noch durch die Worte des bestürzten Vaters, wird der Pfahl wieder, was er sein sollte, Symbol."

Max Frisch, *Der Pfahl*. Aus: M. F.: Gesammelte Werke in zeitlicher Folge. Hrsg. von Hans Mayer. Band 4. Frankfurt/M.: Suhrkamp 1976, S. 562–571.

Auf den Szenenfotos der Aufführung des Memminger Theaters ist der Pfahl zu sehen. Bei der Vorstellung der eigenen Entwürfe und Erläuterungen kann dies gegenübergestellt werden.
Aus der Tatsache, dass Can einen Pfahl sieht, den andere offenbar nicht sehen, lässt sich ein Unterrichtsgespräch entwickeln, welches zur zentralen Thematik führt. Es ist zu hinterfragen, warum der Pfahl Can so in Aufruhr versetzt, welche Bedeutung er hat.

SH 7 Vordergrundszenen – Zeugenschranke

Dazu wird die erste Vordergrundszene gemeinsam gelesen und der entscheidenden Satz des Wirtes an der Zeugenschranke untersucht: „Hab ich ihn vielleicht an den Pfahl gebracht?“ (S. 24, Z. 10–11):

☑ geraume Zeit nach den Ereignissen im Drama
Denn – Andri, der Jude, ist der Sohn des Lehrers.
– dieser Andri ist an einen Pfahl gebracht worden – Folter, Hinrichtung?
– es geht offensichtlich um die Schuld an Andris Ende.

Was sagt der Wirt?

- Er gibt zu, sich damals getäuscht zu haben.
- Er gibt zu, der Meinung aller gefolgt zu sein.
- Er sagt, er habe es großartig gefunden, dass der Lehrer ein Judenkind wie seinen eigenen Sohn aufzog.
- Er weist die Schuld, Andri an den Pfahl gebracht zu haben, von sich.
- Er räumt unwissentlich ein, dass alles anders gekommen wäre, hätten sie gewusst, dass Andri Cans leiblicher Sohn war.
- Er betont, dass er Andri als seinen Küchenjungen nicht schlecht behandelt hat.
- Er weist jegliche Schuld an Andris Tod von sich.

Welches Ziel verfolgt er mit seiner Aussage?
Es geht dem Wirt einzig und allein darum, jegliche Schuld, auch Mitschuld, von sich zu weisen. Dennoch rechtfertigt er sein Verhalten, was einer Unschuld widerspricht. Er stellt dar, dass er am allerwenigsten von allen Andri schlecht behandelt oder ausgegrenzt habe.

SH 27 Alle Aussagen, die im Vordergrund oder vor der Zeugenschranke getroffen werden, sammeln die Lernenden auf einer gesonderten Seite, SH S. 27. Bei der Betrachtung der Frage nach Schuld und Verantwortung für die Geschehnisse greifen wir darauf als Grundlage für die Bewertung des Verhaltens der beteiligten Figuren zurück.

Expertenteam Bühnenbild

Die Vorstellungskraft der Lernenden kann auch hier wieder durch das **Expertenteam Bühnenbild** gefordert werden. Wie sieht denn eine solche Zeugenschranke aus? Wo genau steht sie? Sowohl das „Pfahl-Bühnenbild“ als auch das „Zeugenschranken-Bühnenbild“ sollten der Klasse vorgestellt und besprochen werden.

Aus der Erschließung des ersten Bildes und der Szene vor der Zeugenschranke ergeben sich die zentralen Themen des Stückes. Mithilfe der Textstellen lassen sich diese genau identifizieren, was gemeinsam im Unterricht erfolgt.

„Wir werden ein weißes Andorra haben, ihr Jungfraun, ein schneeweißes Andorra, wenn bloß kein Platzregen kommt über Nacht.“ (S. 9, Z. 16–18)	„Ist's wahr, Hochwürden, was die Leut sagen? Sie werden uns überfallen, die Schwarzen da drüben, weil sie neidisch sind auf unsre weißen Häuser.“ (S. 10, Z. 2–4)	„Woher wißt ihr alle, wie der Jud ist? (S. 15, Z. 25) So'n Jud denkt alleweil nur ans Geld [...] Und für deinesgleichen sollen wir kämpfen? [...] lieber tot als Untertan, das steht fest, aber nicht für dich!“ (S. 21, Z. 23, 30 – S. 22, Z. 3)	„Wenn einmal die Schwarzen kommen, dann wird jeder, der Jud ist, auf der Stelle geholt. Man bindet ihn an einen Pfahl, [...] man schießt ihn ins Genick.“ (S. 12, Z. 17–20)	„So ist Glück. Nie werde ich vergessen, wie ich jetzt hier stehe [...] Barblin, wir heiraten!“ (S. 18, Z. 28–31)
Nur die Fassade von Andorra ist schneeweiß.	***Bedrohung durch das Nachbarland***	***Fremdbild/Vorurteil über Juden***	***Juden werden bestraft***	***Zukunftspläne eines jungen Menschen***

Zentrale Themen

Zweites Bild | S. 25–28

Bei der **Erschließung des Zweiten Bildes** steht die Innensicht von Andri im Vordergrund. Die Lernenden erhalten einen Einblick in die Beziehung zwischen Barblin und Andri. Das zweite Bild kann im Unterricht oder auch als Hausaufgabe gelesen werden. **SH 8**

Während Andris Stimmung im ersten Bild noch himmelhoch jauchzend ist, hegt er im zweiten Bild enorme Selbstzweifel, die auch Barblin nicht ausräumen kann. Fast hat man den Eindruck, dass die beiden in dieser Szene etwas aneinander vorbeireden.

Andri	Barblin
„Ob's wahr ist, was die andern sagen." (S. 25, Z. 8)	**„Fang jetzt nicht wieder an!"** (S. 25, Z. 12)
„Vielleicht haben sie recht ..." (S. 25, Z. 13)	**„Du hast mich ganz zerzaust."** (S. 25, Z. 16)
„Meinesgleichen, sagen sie, hat kein Gefühl." (S. 25, Z. 17)	**„Jetzt schau dir meine Bluse an! [...] Soll ich sie ausziehen?"** (S. 25, Z. 20–22)
„[...] ist geil, aber ohne Gemüt." (S. 25, Z. 24 f.)	**„Andri, du denkst zu viel!"** (S. 25, Z. 26)
„Vielleicht bin ich drum nicht lustig." (S. 26, Z. 25)	***„Barblin küßt ihn."*** (S. 26, Z. 26)
„Bist du ganz sicher, [...] daß du mich willst?" (S. 26, Z. 27)	**„Warum fragst du das immer."** (S. 26, Z. 28)
„Vielleicht bin ich feig, [...]" (S. 26, Z. 31 – S. 27, Z. 1)	„Ich geh nicht mehr aus dem Haus, damit sie mich in Ruh lassen." (S. 27, Z. 7 f.)
„Ich habe Angst, wenn ich stolz bin." (S. 27, Z. 15)	**„Und jetzt will ich einen Kuß [...] glaub mir, ich denke nicht an sie."** (S. 27, Z. 16, 22)
„Ich weiß nicht [...]" (S. 27, Z. 27)	
„Wieso? Ich seh's nicht [...]" (S. 27, Z. 28)	„Laß uns schlafen." (S. 27, Z. 31)
„Ich langweile dich." (S. 29, Z. 1)	***„Barblin schweigt."*** (S. 28, Z. 2)
„[...] das gibt's, Menschen, die verflucht sind [...]" (S. 29, Z. 6 f.)	
„[...] ihr Blick genügt, plötzlich bist du so, wie sie sagen." (S. 29, Z. 7 f.)	
„Das ist das Böse." (S. 28, Z. 8)	
„Kennst du einen Soldat namens Peider?" (S. 28, Z. 14)	**„Der!"** (S. 28, Z. 18)

Wie steht es nun um Andri?

- *ist verunsichert*
- *macht sich viele Gedanken, wie die anderen sind, zu ihm sind, was sie von ihm denken und ob das stimmt*
- *stellt fest, dass er nicht so lustig ist, begründet es mit dem Verhältnis zu seinem „Pflegevater"*
- *bekommt auch von Barblin keine Antwort darauf, ob die anderen Recht mit ihrer Meinung über ihn haben*
- *zweifelt an sich selbst*

Reaktion Barblins:

- *ist genervt, weil Andri immer wieder damit anfängt, ob die anderen Recht mit ihrer Meinung über ihn haben, ob er anders ist als die anderen*
- *geht nicht darauf ein*
- *lenkt Aufmerksamkeit auf sich und ihr Äußeres und möchte mit Andri schmusen*
- *versichert ihm ihre uneingeschränkte Liebe*

SH 9

Aus diesem Dialog ergeben sich noch weitere zentrale Themen:

- *Selbstzweifel und die Suche nach der eigenen Identität*
- *Verhältnis zwischen Vater und Sohn/Pflegesohn*

Tagebücher verfassen

An dieser Stelle wird das **Expertenteam Tagebuch** aus ca. 3–4 Personen zusammengestellt und bekommt seinen Arbeitsauftrag. Das Team organisiert sich selbst und kann in den Freiarbeitsphasen im Unterricht an Schreibaufgaben arbeiten. Wichtig ist, dass das Team in regelmäßigen Abständen seine Texte zur Verfügung bzw. zur Diskussion stellt. Neben den im Schülerarbeitsheft vorhandenen Aufgaben kann sich das Team auch noch weitere Szenen und Figuren wählen, wenn das Zeitmanagement das erlaubt.

Expertenteam Tagebuch

Arbeitsauftrag
Verfasst an unterschiedlichen Stellen der Handlung Tagebucheinträge verschiedener Figuren (SH S. 9, 13, 23, 27). Gestaltet die Tagebücher von Andri und Barblin, ihr könnt aber noch weitere Figuren auswählen.

Ergebnissicherung

Die Ergebnissicherung sollte sich unabhängig von der Vorgehensweise so gestalten, dass alle die Möglichkeit haben, sich den ein oder anderen Tagebucheintrag durchzulesen und sich gegebenenfalls Notizen zu machen.

SCHREIBAUFGABE: Tagebucheintrag Andri/Barblin

Die Innensicht von Andri und Barblin lässt sich nach diesem Zweiten Bild gut in einem Tagebucheintrag formulieren. Besonders interessant ist die Bewertung der Reaktionen Barblins auf die verzweifelten Versuche Andris, bestätigt zu bekommen, dass die anderen eben nicht Recht haben mit ihren Vorurteilen und Meinungen. Es sind durchaus verschiedene Ausdeutungen möglich, zumal manche vielleicht die Vorahnungen mit dem Pfahl aus Bild 1 in ihre Überlegungen einbeziehen.
Beide Tagebucheinträge sollten sich weniger darauf konzentrieren, was der Text bereits vorgibt, sondern auf das, was zwischen den Zeilen steht. So erfahren wir die Interpretation aus Sicht der Lernenden. Mögliche Ansätze:

Andri

- überprüft verstärkt die Aussagen der anderen und findet Beweise oder Gegenbeweise
- hofft auf Barblins Verständnis
- wünscht sich eine konkrete Aussage von Barblin, dass die anderen nicht Recht haben
- überhört dabei vielleicht Barblins Liebeserklärung
- könnte an einem bestimmten Detail hängen bleiben (z. B. Vater, Barblins Liebeserklärung ...)
- Rückerinnerung, warum ihm das Bein gestellt wurde und Reflexion seiner Reaktion
- Schlussfolgerungen, wie er weitermachen will
- Frage, ob er das Böse in sich hat, ob er es annimmt oder dagegen ankämpft: „Es ist in der Luft, aber da bleibt's nicht lang, es muß in einen Menschen hinein, damit sie's eines Tages packen und töten können ..." (S. 28, Z. 11–13) – Vorahnung?

Barblin

- ist sich der Tragweite von Andris Worten nicht bewusst
- fragt sich, ob ihre weiblichen Reize denn nicht ausreichen, um Andri auf andere Gedanken zu bringen
- unterschätzt die Gefahr für Andri und für sie beide als Paar oder möchte sie verdrängen
- will diese „leidliche" Diskussion nicht mehr führen
- die Anmache von Peider geht ihr durch den Kopf
- findet, dass Andri übertreibt, kann nicht nachempfinden, dass ihn die Meinung der anderen so beschäftigt
- macht sich große Sorgen um Andri, behält sie aber für sich und wirkt beruhigend auf Andri ein

Im Vorfeld dieser Schreibaufgabe kann dem **Expertenteam Tagebuch** oder der ganzen Klasse folgendes Arbeitsblatt gegeben werden:

Arbeitsblatt: Was die Figuren nicht sagen, aber denken und wissen – Tagebucheintrag

Die Bildnisse voneinander und das Gesagte oder Gehörte übereinander bestimmen – gewollt oder gezwungenermaßen – das Denken und Handeln der Figuren in diesem Werk. Allerdings ist bisweilen schwer nachvollziehbar, warum die eine oder andere Figur nicht ihrem eigenen Verstand und dem, was sie tatsächlich sieht und erlebt, folgt, sondern einfach die vorgefertigten Bilder übernimmt, ohne sie zu hinterfragen.

Eine gute Methode, die Figuren zu veranlassen, über ihr Denken und Handeln nachzudenken, Vorgehensweisen zu hinterfragen oder zu begründen oder auch andere von der Ungerechtigkeit, Maßlosigkeit wie auch Unschlüssigkeit ihres Handelns zu überzeugen, stellt das Verfassen von **Tagebucheinträgen** dar.

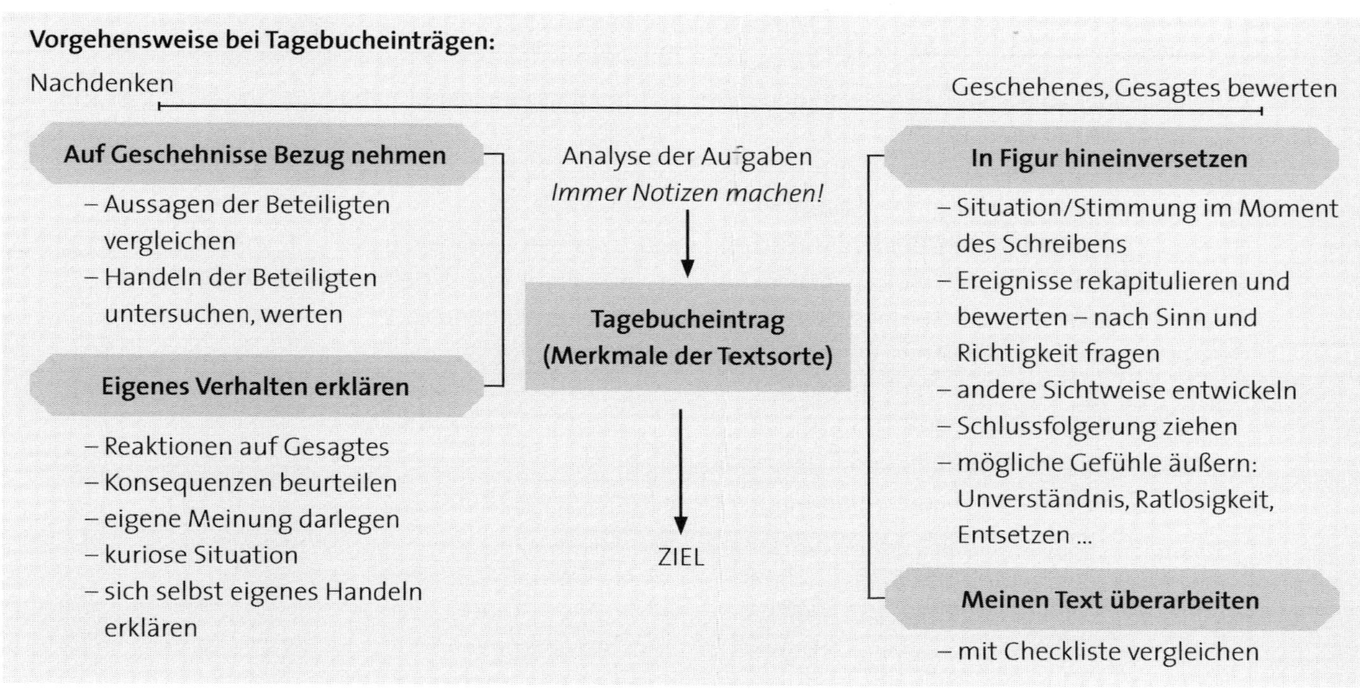

Der Tagebucheintrag soll letzten Endes die Gedanken der Figur widerspiegeln und so das Geschehen im Nachhinein betrachten und werten. Dabei kommt eine Sichtweise an den Tag, von der wir im Ausgangstext nichts erfahren, da sich die Figur selbst nicht zum Geschehen äußert.

Checkliste: Tagebucheintrag

- Habe ich die **Aufgabenstellung** ausreichend berücksichtigt?
- Habe ich die **Vorgaben** des Stücks entsprechend eingebaut (Aussagen, Ereignisse)?
- Habe ich die **Gedanken und Gefühle** dargestellt und nicht die Handlung nur nacherzählt?
- Bin ich sehr **persönlich** geblieben (nicht allgemein geschrieben)?
- Habe ich versucht, bestimmte **Handlungsweisen** nachzuvollziehen/zu hinterfragen/zu erläutern?
- Habe ich in der **Ich-Form** geschrieben?
- Habe ich die **Besonderheiten** des Tagebucheintrags beachtet (Ausrufe, Fragen, Erinnerungen, Ellipsen/unvollständige Sätze, Gedankensprünge)?
- Habe ich die **Erzählperspektive** und die **Zeitform** (Präteritum vorherrschend) durchgängig eingehalten?
- Stimmen die **Grammatik** und die **Rechtschreibung**?

BARBLIN
JEMAND
ANDRI
CAN
PATER
WIRT
SOLDAT
DOKTOR
MUTTER

Je nach Aufgabenverteilung kann sich das Team auf bestimmte Figuren, aus deren Sicht „Tagebücher" geschrieben werden, einigen. Es wäre gut, wenn von den Figuren dann mindestens zwei Einträge verfasst werden, um zu zeigen, dass im Kopf etwas vorgeht, dass Geschehnisse das Denken und Fühlen verändern oder zumindest beeinflussen. Geeignete Zeitpunkte zum Schreiben sind im Schülerarbeitsheft vorgeschlagen. Das Team kann aber auch festlegen, wann ein Tagebucheintrag wichtig wäre, um die Figur zu verstehen. Als Ergebnis entstehen kleine Tagebücher, die im Unterricht zur Erschließung des Werkes, aber auch zur Reflexion der Handlung eingesetzt werden können.

Zur Vervollständigung der Exposition werden die Aussagen des Tischlers vor der Zeugenschranke auf dem Arbeitsblatt SH S. 27 notiert.

SH 27 **„Es hängt etwas in der Luft" (S. 12, Z. 31)**

Die Doppeldeutigkeit dieser Aussage des Jemand als Zusammenfassung der Situation und der bereits angelegten Konflikte wird nachvollzogen:

- ein schweres Gewitter
- die sprichwörtliche Ruhe vor dem Sturm
- ein Platzregen, der das Weiß der Kirche fortspült und ihr wahres Gesicht zeigt
- Vorahnungen über Andris Schicksal, z. B. ein (unsichtbarer) Pfahl, Andris Gedanken über das Böse ...
- Zuspitzung/Eskalation des Konflikts zwischen den Andorranern und Andri
- Vorurteile
- Ängste
- Unheil
- die Ankündigung der Wahrheit durch den Lehrer (Lügen?)
- der vermeintlich bevorstehende Angriff durch die Schwarzen von drüben
- Peiders Annäherungsversuch war wohl noch nicht der letzte.
- Andris Identität und seine Zukunft
- Barblins vom Pater unbeantwortete Fragen

Die Schülerinnen und Schüler erkennen, dass das Erste und Zweite Bild zusammen mit den zwei Szenen vor der Zeugenschranke die gesamte Thematik vorstellen:
Die Andorraner, der Tischler, der Wirt, der Soldat begegnen Andri als dem „Juden" mit einem vorgefassten negativen Bild, was Andri zu quälenden Auseinandersetzungen mit seinem Ich bewegt. Diese Begegnung steht im Widerspruch zur Aussage des Paters („Kein Mensch verfolgt euren Andri –", S. 10, Z. 29). Dieses Bild der Andorraner von Andri trägt Züge der Andorraner selbst, z. B. die Geldgier des Tischlers und des Wirtes („Die Andorraner sind gemütliche Leut, aber wenn es ums Geld geht, das hab ich immer gesagt, dann sind sie wie der Jud.", S. 15, Z. 20–23)
Sie erkennen darüber hinaus, dass der Pater Barblins existentiell begründeten Fragen ausweicht, stattdessen lieber den schönen Schein wahrt (schneeweißes Andorra, Sanktgeorgstag). Barblins Sorge um Andri überspielt sie im Zweiten Bild, wenn sie Andri von seinen Selbstbeobachtungen abzulenken versucht.
Schließlich lernt die Klasse Andri näher kennen und sieht seine großen Erwartungen hinsichtlich seiner Zukunft. Sie sieht auch, dass die Art, wie die Andorraner ihn einschätzen, ihm begegnen, keine Einzelfälle darstellen und dass ihn diese Begegnung mit den Andorranern zum Nachspüren, wer und wie er ist, bewegt.

SH 28 f.

LH 22

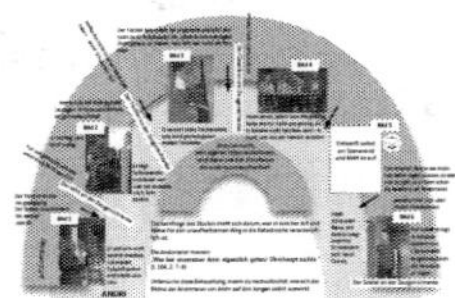

Handlungsübersicht

Bereits nach Erschließung der Exposition werden wichtige Angaben in der Handlungsübersicht festgehalten (siehe LH S. 28). So wächst nach und nach das Verständnis über die Hauptproblematik des Werkes, die Bildnisproblematik. Anhand dieser Übersicht wird am Ende bewusst, dass es sich bei *Andorra* um ein Modell über Vorurteile, Ausgrenzung und deren Auswirkungen handelt.

Erarbeitungsphase II – Inhaltssicherung und vertiefende Erschließung

Die Inhaltssicherung erfolgt sukzessive im Unterricht, in Kombination mit häuslicher Lektüre/Vorbereitung Bild für Bild. Dabei werden Aufträge an Expertenteams an entsprechenden Schnittstellen integriert wie auch Gruppen- oder Freiarbeitsphasen eingefügt.

Mit diesem Symbol signalisieren wir, welche Arbeitsblätter im SH vertiefend bearbeitet werden sollten bzw. auf welche Ergebnisse an dieser Stelle zurückgegriffen werden kann.

Der sich an die Exposition anschließende Teil des Schülerarbeitsheftes (SH S. 10–29) enthält Aufgaben zur Inhaltssicherung, die letztendlich für das Verständnis des Stückes die Grundlage bilden. Für die Übersicht über die Lektüre, das Nachschlagen für Schreibaufgaben, Klausuren oder das Wiederholen und Erinnern vor der Prüfung sind sie ein probates Mittel zur Erinnerung und Auffrischung.

Zur Orientierung wie auch zum schnelleren Auffinden von Textstellen während des vertiefenden Erschließens haben wir die Variante treffender Zitate gewählt. So sollen die Lernenden für jedes Bild ein für sie entscheidendes/aussagekräftiges, provozierendes oder auch auf die Hauptfigur ausgerichtetes **Zitat** finden.

Die gewählten differenzierten Aufgabenformate ermöglichen:

- Sichern eines grundlegenden Textverständnisses (z. B. Ankreuzaufgaben, Richtig-Falsch-Aufgaben)
- Ansatzpunkte für ersten Meinungsaustausch und zum Festhalten von Fragen und auch Meinungsverschiedenheiten (auf Pinnwand), auf die bei der vertiefenden Erschließung zurückgegriffen werden kann
- Bewertung einer bestimmten Situation/eines bestimmten Verhaltens/Handelns; Diskutieren/Vergleichen
- intensive Auseinandersetzung mit Einzelaussagen durch eigene Überlegungen, Bewertungen und kontextuale Betrachtungsweise (z. B. Deutungsaufgaben)
- Verständnis über die Gedanken und Handlungsweisen bestimmter Figuren an bestimmten Stellen der Lektüre (z. B. produktiv erschließende Schreibaufgaben)
- Ein späterer Vergleich mit den neuen Erkenntnissen des Erschließungsprozesses lässt zu, eigene Standpunkte zu revidieren oder zu festigen bzw. Entwicklungen zu erkennen.
- Es ist im Vorfeld abzuwägen, welche Schreibaufgaben von allen Lernenden und welche vom **Expertenteam Tagebuch** verfasst werden sollen.

Theaterpädagogische Verfahren

Zum tieferen Verständnis oder um mögliche Handlungsalternativen bzw. Handlungsmotive zu entdecken, bietet sich das Arbeiten mit Spielszenen an.
So kann jetzt das **Expertenteam Szenisches Spiel** zusammengestellt werden und bekommt seinen Arbeitsauftrag. Das Team organisiert sich selbst und kann in den Freiarbeitsphasen im Unterricht an Spielszenen aus dem Schülerarbeitsheft oder an selbst gewählten Sequenzen arbeiten. Das Vorstellen der Spielszenen dient dem Verständnis der Handlung, aber auch als Diskussionsanlass. Das Team benötigt vier Personen oder auch mehr.

Expertenteam Szenisches Spiel

Arbeitsauftrag
Stellt markante Szenen im Spiel dar. Nutzt dabei verschiedene Verfahren, um in die Figuren hineinzuschauen und auch alternative Handlungsmöglichkeiten zu überprüfen (Im Schülerarbeitsheft werden auf diesen Seiten Vorschläge gemacht: SH S. 24, 31, 34, 37, 39, 45, 50, 52).

Dieses Team sollte die erarbeiteten Spielszenen immer zeitnah, noch während der Erschließung des entsprechenden Bildes, vorstellen, um dies auch als Diskussionsgrundlage zu nutzen bzw. neue Impulse für die Beschäftigung mit den Handlungsweisen der Figuren zu erhalten.

Ergebnissicherung

Auch während der Inhaltssicherung zu jedem Bild halten die Lernenden wichtige Angaben in der Handlungsübersicht fest (siehe LH 22/SH 28 f.). Für einen kurzen Austausch der Ergebnisse sollte nach Abschluss der Inhaltssicherung jedes Bildes Zeit eingeplant werden.

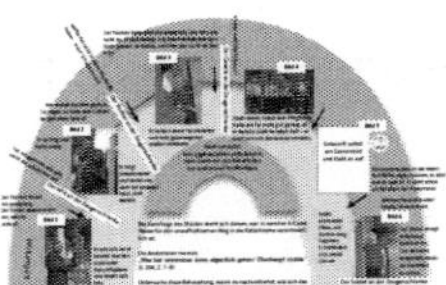

HANDLUNGSÜBERSICHT

Dieses Symbol verweist auf ergänzende Aufgaben für Hausaufgaben, als Teil von Leistungsüberprüfungen oder auch als differenziertes Aufgabenangebot für einzelne Lernende oder Schülergruppen.

Die Lösungsvorschläge zur Inhaltssicherung können Sie als Kopie im Unterricht bereit halten (ergänzende Angaben für Sie als Lehrkraft müssen gegebenenfalls ausgespart werden). Die Schülerinnen und Schüler vergleichen damit in dafür bereitgestellter Unterrichtszeit ihre Ergebnisse bzw. ergänzen diese. Im Austausch können Streitpunkte/unterschiedliche Lösungen dann zur Diskussion gestellt werden.

Drittes Bild | S. 30–35

SH 10 Das Dritte Bild fokussiert Andris große Erwartungen und seine Enttäuschungen. Er will Mitglied in der Fußballmannschaft des Gesellen werden, dadurch ein nach außen hin sichtbares Mitglied der andorranischen Gemeinschaft, und er will seinen ersten Stuhl abliefern, als Beweis seiner Tüchtigkeit in seinem Handwerk. Beides wird durch die Feigheit des Gesellen und die sture Ignoranz des Meisters verhindert. Es wird deutlich, dass der Tischler in jedem Fall Andri aus seiner Werkstatt haben will, weil er ihn als Verkäufer braucht. Sein ganzes Verhalten deutet darauf hin. Es ist ihm völlig gleichgültig, was Andri sagt, im Gegenteil, er begegnet Andris Rechtfertigung mit blankem Antisemitismus: „Erstens ist hier keine Klagemauer, zweitens habe ich kein Wort gesagt, daß ich dich deswegen entlasse." (S. 35, Z. 13–15) Insofern hätte es nicht viel geändert, wenn der Geselle den aus dem Leim gegangenen Stuhl als den seinen offenbart hätte.

Andri könnte als Mitglied der Fußballmannschaft ***endlich in die Gemeinschaft der Andorraner integriert werden, einer von ihnen sein, wie sie sein.***

Andri selbst hätte dann die Chance, ***zu zeigen, was in ihm steckt und dass sich die Andorraner bislang in ihm geirrt haben.***

Die Frage nach der Freundschaft zwischen den beiden wird sehr schnell klar werden: ***Sie sind keine Freunde.***

Was spricht dafür, dass der Geselle Andris Freund ist?

- Der Geselle sagt es wortwörtlich.
- Der Geselle bietet Andri einen Platz in der Fußballmannschaft an, obwohl er weiß, dass er Jude ist.
- Der Geselle schenkt Andri ein paar alte Fußballschuhe.
- Der Geselle gibt ihm Ratschläge (soll die Hände nicht reiben).

Was spricht dagegen, dass der Geselle Andris Freund ist?

- Er stellt nicht richtig, dass er es war, der geraucht hat, und nicht Andri.
- Er verzieht sich, als der Chef kommt.
- Er stellt den Irrtum des Tischlers nicht richtig, obwohl er die Chance dazu hätte.
- Er lässt Andri seine eigene Unzulänglichkeit ausbaden und verbaut damit Andris Zukunft.
- Er lacht über Andri.
- Er meint, Andri sei selbst daran schuld, dass die anderen ihn so behandelt haben.
- Er gibt zu, dass er ihn nach dem Vorfall nicht mehr leiden konnte.

Was passiert bei Andris Lehrlingsprobe als Tischler?

Tischler	Folgen für Andri
– nimmt den falschen Stuhl, ignoriert Andris Einwand – belehrt Andri nochmals, dass er den Beruf nicht im Blut habe und lieber in den Verkauf solle – deklariert das Holz falsch, wird von Andri berichtigt – zerlegt den Stuhl in Einzelteile, ignoriert Andris Richtigstellung – setzt sich auf Andris Stuhl und lobt diesen, Andri sagt ihm, es sei seiner – interpretiert die Antwort des Gesellen nach dessen Stuhl, wie er es gerne hätte – beleidigt Andri – bietet ihm einen Job im Verkauf an und hat damit nur seinen Profit im Auge, sagt aber, er meine es nur gut mit Andri	– ihm wird die Chance auf seinen Traumberuf genommen – ihm wird klar, dass man die vorgefasste Meinung eines Andorraners selbst argumentativ und mit Beweisen nicht ändern kann – fühlt sich ungerecht behandelt – erkennt, dass der Geselle nicht sein Freund ist – hat sich vergeblich bemüht, mit seinem Talent zu überzeugen – wird wieder in das Bild des „geldgierigen" Juden gedrängt

Szenisches Spiel

Tipp

Expertenteam Szenisches Spiel

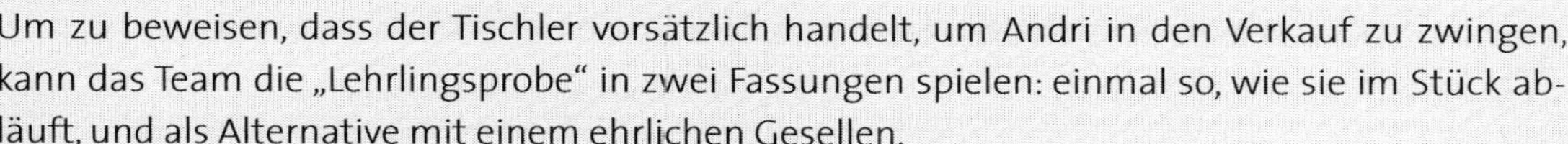

Arbeitsauftrag

Um zu beweisen, dass der Tischler vorsätzlich handelt, um Andri in den Verkauf zu zwingen, kann das Team die „Lehrlingsprobe" in zwei Fassungen spielen: einmal so, wie sie im Stück abläuft, und als Alternative mit einem ehrlichen Gesellen.

- Die Schülerinnen und Schüler proben, wie der Tischler bei seinem Vortrag „Eignung als Tischler" („[...] wenn's einer nicht im Blut hat.", S. 32, Z. 5–6) gespielt werden muss.
- Sie ziehen dazu auch die entsprechende Textstelle (Gespräch Tischler – Can) heran und halten fest, dass der Tischler hier vorschlägt, Andri soll Makler werden oder an die Börse gehen. In der Werkstatt schlägt er ihm vor, in den Verkauf zu gehen, bevor er Andris Stuhl einer Prüfung unterzogen hat.
- Sie probieren, wie der Tischler eine wahrheitsgemäße Antwort des Gesellen abwimmeln könnte:
  „Ach, red keinen Unsinn, geh an deine Arbeit."
  „Du möchtest wohl Andri in Schutz nehmen. Seit wann steckst du mit einem Juden unter einer Decke?"
  „Vergiss nicht, dass du Geselle bist und der da Lehrling!"
- Der Tischler soll so gespielt werden, dass sein mieser Charakter sichtbar wird. Dazu ist es erforderlich, dass die „Lehrlingsprobe" als reine Farce erkannt und gespielt wird.

Die Lernenden erkennen, dass Andri nicht Tischler werden darf, weil es der Tischlermeister von Anfang an nicht will. Dass der Geselle aufgrund seines tatsächlichen Versagens sein vorgefasstes Bild widerlegt, ignoriert er einfach. Er will Andri im Verkauf haben, da lässt sich mit ihm etwas verdienen.
Andris Glück wird in der Tischlerwerkstatt zerstört, ohne dass es dafür einen berechtigten Grund gibt.
Andris Versuch, ein Andorraner zu werden und sein zukünftiges Leben zu planen und zu verwirklichen, ist gescheitert.

SCHREIBAUFGABE: Dialog zwischen Andri und Fedri

Tipp

Formuliere einen Dialog, in dem Andri den Gesellen zur Rede stellt. Er wirft Fedri Feigheit und Verrat an ihrer Freundschaft vor. Verschiedene Gesprächsverläufe sind möglich:

a) Der Geselle gibt seinen Fehler zu, geht zum Tischler und klärt den Sachverhalt auf.
b) Der Geselle beschimpft Andri und schwärzt ihn beim Tischler an.

Stoffsammlung:

1. Haltung Fedris gegenüber Andri vor der Lehrlingsprobe (S. 30–31):

Andri möchte Kontakte knüpfen und ist bereit, in der Fußballmannschaft sogar Linksaußen zu spielen. Er freut sich über Fedris Freundschaft und gibt ihm als Zeichen dafür eine Zigarette.

2. Welche Charaktereigenschaften Fedris lassen sich aus seinen Äußerungen vor der Zeugenschranke (S. 36) herauslesen?

Fedri ist feige. Er behauptet, er habe anschließend das Gespräch suchen wollen. Die Behauptung des Gesellen, dass dies da schon nicht mehr möglich gewesen sei, ist falsch. Tatsächlich hätte er Andri helfen können, wenn er dem Tischler die Wahrheit gesagt hätte.

3. Möglicher Ausgang des Dritten Bildes, wenn es zu einem Gespräch zwischen Andri und Fedri käme:

Es ist zwar wenig wahrscheinlich, dass Fedris Einsatz für Andri am Verhalten des Tischlers etwas geändert hätte – dieser weiß, dass Andri den stabilen Stuhl gebaut hat –, für Andri wäre aber die Solidarität des Gesellen hilfreich. Er hätte einen Freund, auf den er sich verlassen könnte. Stattdessen ist er allein.

Wenn auch der Geselle, den Andri für seinen Freund gehalten hat, offen seine Abneigung äußert, wird er sich schnell bewusst, dass ihn alle Andorraner missachten. Er könnte sein Leben retten, wenn er Andorra verließe.

Einen ausformulierten Lösungsvorschlag finden Sie im Downloadbereich.

SH 11 **Eine Musterschreibaufgabe**

Die Musterschreibaufgabe wird als Beispiel für die Vorgehensweise bei Schreibaufgaben von allen gemeinsam bearbeitet. Zunächst werden die Vorgaben gekennzeichnet und textbezogen erarbeitet.

Andri freut sich:	– darf beim Tischler in die Lehre gehen – kann sein Leben selbst gestalten – hat die Küchenschürze zusammengerollt: sein altes Leben beendet – kann Geld verdienen und nun Barblin heiraten – glaubt, dass er nun den Andorranern beweisen kann, dass er einer von ihnen ist – auch als Mitglied der Fußballmannschaft
Lebensziel vor Augen:	– einen ehrbaren Beruf ergreifen – in die Gesellschaft der Andorraner integriert werden – unabhängig von seinem Ziehvater werden, muss nicht immer nur „dankbar" sein – Barblin heiraten – sich selbst verwirklichen – seine Talente ausleben und sein, wie er ist – will sein Glück selbst schmieden, er ist aktiv und tut etwas dafür
Lehrlingsprobe:	– Andri liefert einen einwandfreien, handwerklich meisterhaften Stuhl ab. – Der Tischler meint, der liederlich verleimte, leicht zerstörbare Stuhl wäre Andris. – Jede plausible Richtigstellung Andris schmettert der Tischler mit Vorurteilen ab. – Die eigene Unfähigkeit des Tischlers wird von Andri enttarnt. – Der Geselle hat nicht den Mut, seinen Fehler einzugestehen und Andri zu unterstützen. – Andri wird der Werkstatt verwiesen und soll nun im Verkauf arbeiten, da ihm das im Blut liege.

zerstören:
- Das vorgefertigte Bild von Andri wird unter den Andorranern bestätigt.
- ihm wird seine freie Entfaltung verweigert
- ihm wird die eigene Entscheidungsfreiheit abgesprochen
- Die Heirat mit Barblin rückt in weite Ferne.
- ihm wird seine Wehrlosigkeit gegen das Bild der Andorraner von ihm bewusst
- zweifelt an seinem eigenen Ich

Die Textstelle selbst und im Umfeld nachlesen; Aussagen interpretieren; beteiligte/betroffene Figuren

Schlüsselaussagen	Interpretationsansätze
„tun, was ich will"	– Andri ist höflich, fleißig, freundlich, ehrlich, respektvoll, aber es wird immer als Wesensmerkmal des Juden deklariert und als „sich beliebt machen, schnorren, sich beklagen, ängstlich sein" ausgelegt.
„dreht es immer gegen mich"	– Beispiele für das „Drehen" (also passend machen zum Bildnis der Andorraner): – Tischler liegt dem Juden nicht im Blut – mutwillige, ungerechtfertigte Vertreibung aus der Werkstatt – ab in den Verkauf, weil Juden das Geschäftemachen im Blut liege – Wenn Andri lacht, sagt man ihm, ein Jude zu sein, sei nicht zum Lachen – lacht er nicht, dann sagt man ihm, Juden seien nicht lustig.
„Hohn"	– Der Soldat meint, Andri könne Barblin sowieso nicht halten. – Ehrlich verdienter Lohn wird als Geldgier hingestellt. – Für Andri würde bei einem Angriff der Schwarzen niemand kämpfen.
Lügen – „stärker als die Wahrheit"	– Andri glaubt niemand, da er kein Andorraner ist. – Der Tischler bekommt Rückhalt für seinen Umgang mit Andri bei der andorranischen Gemeinschaft. – Andri hält dem Tischler einen Spiegel vor – der will sich darin aber nicht sehen, um seine eigene Unzulänglichkeit zu vertuschen. – Vorurteile sind stärker als die Wahrheit, Andorraner machen sich nichts aus Beweisen. – Die Wahrheit wird in Andorra vom Bildnis der Mehrheit gemacht.
„zuleid getan?"	– ungerechte Behandlung ist offensichtlich, Gründe dafür liegen nur in der Abneigung und den Vorurteilen des Tischlers gegen Juden/gegen Andri: – Der Tischler will das Bildnis von Andri aufrechterhalten. – will seinen Vorteil aus dem Jungen schlagen (zweimal) – dreht Andri die Worte im Mund herum
„keine Klagemauer"	– Der Tischler bezeichnet Argumente als Klagen. – Klagemauer als heiligster Ort der Juden – vom Tischler hier missbraucht
„kein Wort […], dass ich dich entlasse"	– Der Tischler zieht seinen Vorteil aus der Ungerechtigkeit und Andris „Niederlage", verspricht sich gute Verkaufsergebnisse des „Juden". – Der Tischler führt Andri seiner „wahren" Bestimmung zu und steht damit noch als Wohltäter da.

Zukunftsperspektiven: Hier sind begründete Überlegungen und Hinterfragen notwendig.
- Glück als Verkäufer finden?
- Weggehen – mit oder ohne Barblin?
- Neuen Versuch starten, sich zu verwirklichen?
- Allen Umständen/Widerständen trotzen?
- Sich unauffällig verhalten und unterordnen? – Resignation?
- Gegen den oder mit dem Strom schwimmen? – Ist das dort überhaupt möglich?

Viertes Bild | S. 37–48

SH 12 Der Doktor sagt, Andri

- *sei ein strammer, braver, gesunder Bursche.*
- *gefalle ihm.*
- *sei sein Freund.*
- *habe einen schönen, andorranischen Beruf.*

Nachdem er weiß, dass Andri Jude ist, findet er sein Verhalten unangemessen, unhöflich und undankbar. Er entschuldigt sich nicht für seine Aussage über Juden, meint aber, das wäre nur Spaß gewesen und gleichzeitig die Wahrheit.

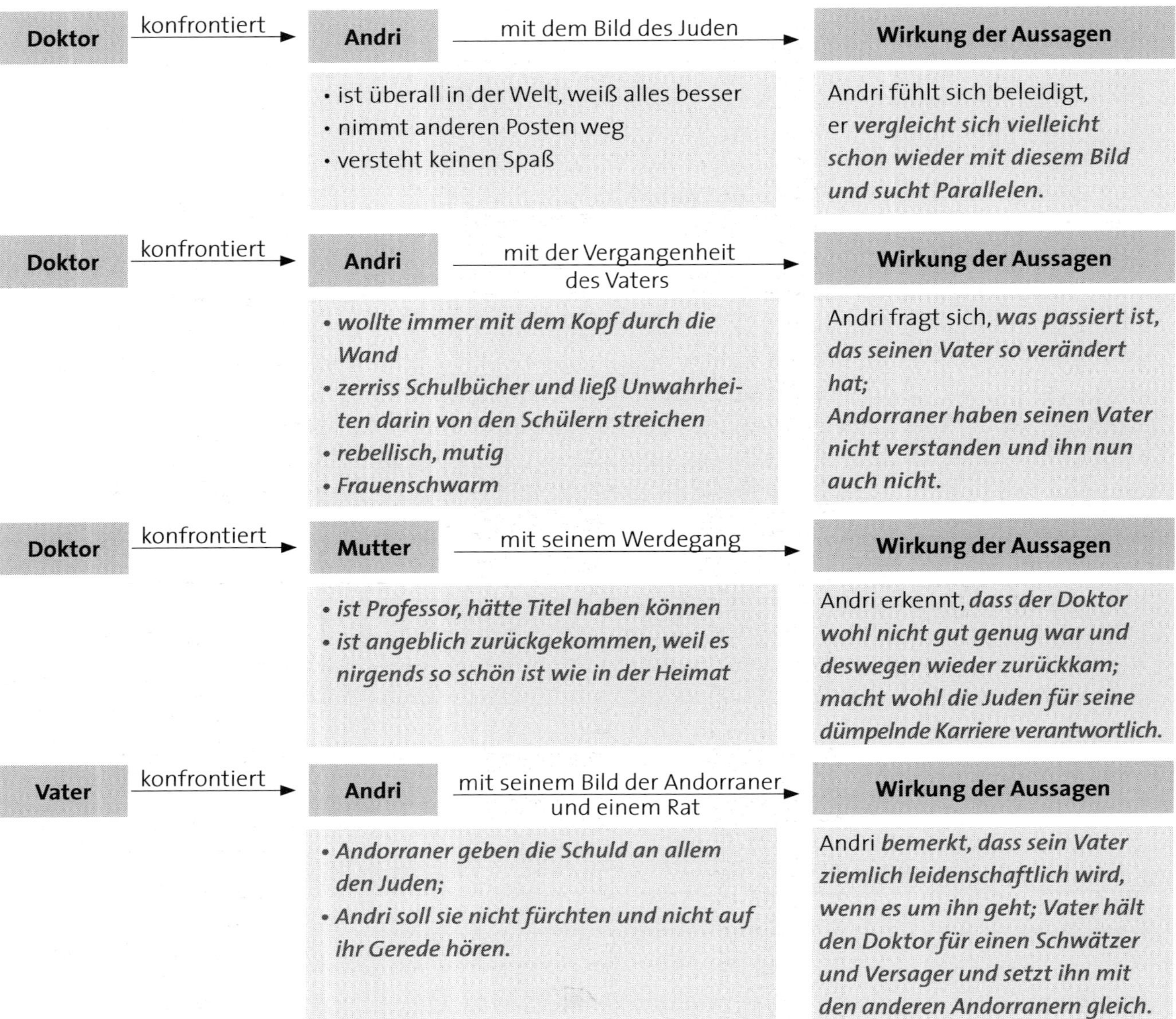

SH 13 Die Mutter reagiert in jeder Hinsicht menschlich, schon als sie den Doktor auf seine Äußerungen über Juden hinweist, besonders aber, als sie Can davon zu überzeugen versucht, dass er sich nicht gegen Andris Antrag stellen soll („Bist du eifersüchtig?“, S. 46, Z. 27). Sie lässt sich auch nicht von Cans aggressivem Verhalten einschüchtern, sondern versucht, ihn zu stellen („Dann sag sie.“, S. 47, Z. 29). Sie bleibt besonnen, wenn auch direkt, was aber beides scheitert. Auch sie kennt die Wahrheit nicht und muss natürlich sehr verwundert über Cans Reaktion sein. Die Mutter muss zusehen, wie die Familie zerbricht und Can dem Alkohol verfällt.

Foto

Um die Mutter nicht nur theoretisch ins Szenenfoto einzufügen, kann an dieser Stelle das letzte **Expertenteam Foto** zusammengestellt werden und bekommt seinen Arbeitsauftrag. Das Team organisiert sich selbst und kann in den Freiarbeitsphasen im Unterricht an Aufgaben aus dem Schülerarbeitsheft oder an selbst gewählten Standbildern arbeiten. Entstandene Bilder sollten veröffentlicht und gegebenenfalls vervielfältigt werden, um sie ins Schülerarbeitsheft einzukleben, was sich hier auf S. 13 anbietet. Das Team benötigt 3–4 Personen.

Expertenteam Fotodokumentation

Arbeitsauftrag
Erarbeitet und fotografiert Standbilder/Szenenfotos zu unterschiedlichen Situationen des Stückes und bereitet sie zur Präsentation vor der Klasse auf. (Im SH findet ihr auf diesen Seiten Anregungen: S. 13, 28, 31, 45, 52).

Warum ist der Vater gegen die Hochzeit?

Can kann einer Heirat nicht zustimmen, da Barblin und Andri Halbgeschwister sind.
Die Weigerung Cans, der Heirat zwischen Barblin und Andri zuzustimmen, stößt bei Andri auf Unverständnis, weil er die Wahrheit über seine Herkunft nicht kennt. Er muss glauben, dass er als Jude kein Recht habe, mit einer Andorranerin verheiratet zu sein. Andri muss glauben, dass alle Beteuerungen Cans, er behandle ihn wie seinen eigenen Sohn und er bekämpfe die Lüge, falsch gewesen sind.

SCHREIBAUFGABE: Tagebucheintrag Barblin SH 13

Nach dem innigen Gespräch mit Andri im Zweiten Bild soll Barblins Enttäuschung über Cans Weigerung, der Heirat zuzustimmen, herausgearbeitet werden.

Barblin stellt Vermutungen an, weshalb ihr Vater die Zustimmung verweigert hat:

- Andri ist Jude.
- Sie sind zu jung.
- Er traut Andri nicht zu, für sie zu sorgen und eine Familie zu ernähren.
- typisches Vatersyndrom, die Tochter nicht hergeben zu wollen – an niemanden
- Angst wegen der Anfeindungen der Andorraner, wenn sie einen Juden heiratet

Barblin äußert Gedanken, wie sie zusammen mit Andri die Zukunft hätte gestalten können:

- eigenes Haus oder im Elternhaus
- wegziehen
- den Vater gemeinsam wieder auf den richtigen Weg bringen – weg vom Alkohol
- Familie gründen
- endlich Andris Außenseiterrolle ablegen

Einen ausformulierten Lösungsvorschlag finden Sie im Downloadbereich.

Fünftes Bild | S. 49–50

SH 14

Expertenteam Fotodokumentation

Arbeitsauftrag
Aus der Theaterinszenierung aus Memmingen steht für das Fünfte Bild kein Szenenfoto zur Verfügung. Nachdem dieses kurze Bild gelesen wurde, kann das **Expertenteam Foto** eines erstellen und fotografieren. In Absprache mit dem **Expertenteam Bühnenbild** wäre das sehr interessant. Das entstandene Foto soll in der Handlungsübersicht SH S. 28 eingeklebt werden.

Was meint Can mit dem Satz: „[...] die Lüge ist ein Egel, sie hat die Wahrheit ausgesaugt." (S. 49, Z. 10–11)?

Der Satz bedeutet, dass eine Lüge mit der Zeit die Wahrheit verdrängt und deren Platz einnimmt. Die Folgen einer Lüge kann man nicht rückgängig machen, auch wenn man irgendwann die Wahrheit sagt.
Can hat sein eigenes Gewissen beruhigt, indem er sich vorgenommen hat, einmal die Wahrheit zu sagen. Diesen Zeitpunkt hat er immer wieder hinausgeschoben und die Lüge ist gewachsen, so wie Andri gewachsen ist. Die Lüge hat mit der Dauer ihrer Existenz immer mehr Gewicht bekommen, wohingegen die Wahrheit immer weiter in den Hintergrund getreten ist.

Wenn er jetzt, in dieser Situation, die Wahrheit sagen würde, würde sie ihm keiner glauben. Jetzt würden die Andorraner eher glauben, Can suche nach einer Ausrede, weil er seine eigene Tochter einem Juden nicht zur Frau geben möchte. Sie würden Schadenfreude zeigen, weil sie meinen, dass sie Can durchschauen, und ihm zeigen, dass seine Angriffsversuche auf die andorranische Gemeinschaft immer scheitern werden.

Zudem würde er sich vor allen bloßstellen, er, der immer die Wahrheit sagen und Schulbücher zerreißen wollte!

Die Folgen von Cans Lüge auf die Beziehungen im Stück:

Andri – Barblin:
- *dürfen nicht heiraten und kennen den wahren Grund nicht*
- *ihre Liebe ist zerstört, ihre Zukunftspläne zunichte gemacht*
- *müssen als Geschwister weiterleben*

Andri – Vater:
- *die Lüge steht zwischen ihnen, Andri wird in dem Glauben bestärkt, dass er als Jude nicht einmal seinem „Pflegevater" genüge, dass er nicht gut genug sei*
- *Vertrauensbruch*
- *Abkehr*

Mutter – Vater:
- *Vater wird ihr aus dem Weg gehen, um nicht die Wahrheit sagen zu müssen*
- *Mutter ist wütend auf Can*
- *Mutter muss alleine versuchen, die Familie zusammenzuhalten*

Andri – Andorraner:
- *Andorraner werden schadenfroh sein und sich in ihrer Meinung über Andri bestärkt sehen*
- *Andri könnte das Bildnis der Andorraner als richtig ansehen*
- *Andri wird noch mehr gemobbt werden*

Vater – Andorraner:
- *Andorraner werden ihn auslachen*
- *Vater entwickelt Hass auf sich selbst und die Andorraner*
- *Ausgrenzung*
- *Andorraner werden Can nicht ernst nehmen*

SH 14 Sechstes Bild | S. 51–57

Barblin hat scheinbar ziemlich schnell aufgegeben und sich mit dem Gedanken abgefunden, dass die Beziehung zwischen ihr und Andri beendet ist. Sie reagiert trotzig. Dennoch lässt sie den Soldaten keineswegs freiwillig in ihr Zimmer.

Barblins unfreiwilliger Verrat | *Andris stiller Kampf um Barblin* | *Irreparabler Vertrauensbruch*

Andris Enttäuschung ist riesengroß, weil er seinen Vater für jemanden hielt, der nicht ist wie die anderen. Nun scheint er sich einzureihen in die Reihe derer, die ihm das Leben schwer machen wie der Tischler. Hinzu kommt die für ihn abstoßende Eigenschaft der Trunksucht, welche er gnadenlos anprangert.

SH 15 Ankreuzaufgabe

	richtig	falsch
Der Lehrer trinkt, weil Andri und Barblin heiraten wollen. *Can trinkt, weil ihm bewusst wird, was er mit seiner Lüge angerichtet hat und überlegt, wie er Andri die Wahrheit beibringen kann.*		X
Andri ist erschrocken über seinen Hass und möchte ihn loswerden. *Im Gegenteil: Andri scheint den Hass zu genießen, er scheint damit eine Möglichkeit gefunden zu haben, mit den Demütigungen der Andorraner umzugehen. Aber er verändert ihn auch.*		X

	richtig	falsch
Andri will sich seinem Schicksal und der Order des Vaters fügen. *Andri will seinen eigenen Weg gehen und mit dem Vater brechen. Er hört ihm nicht zu.*		X
Andri will mit Barblin weggehen.	X	
Peider denkt am Ende immer noch, Andri sei ein Jude, und schämt sich dessen nicht.	X	
Peider hat Barblin nicht vergewaltigt. *Es ist nicht eindeutig auszumachen, was in Barblins Kammer passiert ist. Rein äußerlich deutet vieles darauf hin, dass Peider Barblin vergewaltigt hat.*	X	X
Andri wollte seinen Vater kränken, indem er ihn abweist. *Auch hier ist eine eindeutige Antwort schwierig. Andri könnte vorsätzlich gehandelt haben, weil er selbst vom Verhalten des Vaters gekränkt war und es ihm mit gleicher Münze heimzahlen wollte. Andererseits könnte seine Reaktion aber auch aus seiner tiefen Verletzung herrühren und nicht vorsätzlich sein, sondern unausweichlich, als ihm sein Vater betrunken und doch so „schwach" gegenübersteht.*	X	X

ja – Andri will sein Verhalten nun ändern.

Andri ist fest entschlossen, mit Barblin wegzugehen. Zum einen lässt er anklingen, dass er sich nun sicherer fühle, zum anderen scheint er aber dem Bild der Andorraner (Geld verdienen, Hände reiben) zu folgen. (vgl. S. 52)

nein – Andri hat den Vater wegen seiner Rettung verehrt.

Andri hat seinen Vater verehrt, weil er dachte, dass Can anders sei als die anderen Andorraner – anders denke, mutig, zuverlässig ist. (vgl. S. 55)

nein – Hass hat nur eine Auswirkung auf Andris Charakter.

Hass hat verschiedene Auswirkungen auf Andris Charakter: Er weint nicht mehr, sondern lacht, erträgt die Gemeinheiten der Andorraner in dem Bewusstsein, sie zu hassen, er verstellt sich, wird listig und stolz, geduldig und hart. (vgl. S. 52)

Vervollständigung der Sätze

Andri verdankt dem Lehrer sein Leben, und zwar in doppeltem Sinn, denn *er ist sein leiblicher Vater und hat ihn vor den Schwarzen als Judenkind gerettet, indem er alle glauben machte, sich aus Mitgefühl um ihn zu kümmern.*
Andri glaubt, als er Peider aus Barblins Kammer kommen sieht, dass *Barblin sich diesem freiwillig hingegeben und Andri somit auch noch verraten hat.*

Die gängigste Deutung ist, dass der Soldat Barblin vergewaltigt. Tatsächlich steht in der Bühnenanweisung ‚nur': *„Barblin will schreien, aber der Mund wird ihr zugehalten. Stille."* (S. 51; Z. 10–11) Karasek hat diese Szene deshalb nicht zu Unrecht kritisiert: „Barblin [erliege] dem Soldaten [...] aus dramaturgischer Verlegenheit." (H. Karasek, Max Frisch, Velber 1966)

Bis zu dieser Stelle des Stückes spitzt sich die Begegnung mit den Andorranern zu. Zunächst sieht sich Andri den Äußerungen des Doktors gegenüber Juden ausgesetzt, die letztendlich schuld sein sollen, dass er in der Welt draußen nichts werden konnte (Viertes Bild). In der Folge verweigert ihm sein Pflegevater Barblin. Dann muss er miterleben, wie der Soldat offensichtlich ohne großen Widerstand nachts in Barblins Kammer einsteigen konnte.

Zusammenfassen und Deuten der Handlungsentwicklung in der Übersicht

SH 28

Die bisherige Entwicklung wird in der Handlungsübersicht SH S. 28 festgehalten und im Unterricht besprochen. Hinweise zu Einträgen: siehe LH S. 22

Siebtes Bild | S. 59–64

SH 16 **Der ausgefüllte Lückentext:**

Die Frau des ***Lehrers*** hat den ***Pater*** gebeten, mit Andri zu ***reden***, weil sie sich keinen ***Rat*** mehr weiß. Sie meint, dass Andri ***verstockt/stur*** ist und nicht mehr glaubt, dass man sein ***Bestes*** will.

Der Pater will Andri überzeugen, dass er seine Rolle als ***Jude*** annehmen soll. Dabei verstrickt er sich in allerlei ***Widersprüche***, die ihn nicht wirklich ***überzeugend*** wirken lassen. Er versichert ihm zunächst, dass die ***Andorraner*** ihn gern haben, so wie er ist, und dass der ***Lehrer*** alles für ihn getan hat. Einerseits nennt er ihn einen ***Prachtkerl***, gibt aber andererseits auch zu, dass er etwas ***Gehetztes*** habe. Er gibt weiter zu, dass Andri mehr ***Verstand*** als Gefühl hat und nennt auch kritisch seine ***Empfindlichkeit***. Eigentlich sind das die „typischen" ***Verhaltensweisen*** der ***Juden*** in den Augen der ***Andorraner***. Zum Schluss wiederholt der Pater noch einmal, dass Andri sich selbst als anders ***annehmen*** solle, womit er seiner anfänglichen Äußerung über die Sympathie der ***Andorraner*** für Andri ***widerspricht***, indem er jetzt sagt, dass alle Andri nicht ***mögen***. Und Andri ***mag*** sich selber auch ***nicht***, aber er will nicht ***anders*** sein. Er geht sogar so weit, dass er denkt, auch ***Barblin*** könne ihn nicht ***lieben***, weil er ***Jude*** ist. Der Pater und Andri sprechen ***aneinander*** vorbei.

Der Pater nimmt nicht, wie es seine Seelsorgerpflicht wäre, den Menschen Andri an, er macht sich ein Bild von ihm. Dadurch verschließt er sich dem Gebot der Nächstenliebe und verstärkt Andris Krise und Identitätskrise.

Gegenüberstellung der beiden Bilder Andris

Bild des Paters von Andri
- Prachtkerl in seiner Art – nach Beobachtung
- ist anders als alle, das gefällt ihm
- gescheiter als die anderen
- alles bezieht er darauf, dass er Jude ist
- überempfindlich
- hat mehr Verstand als Gefühl
- nicht feige
- soll sich endlich selbst annehmen

Andris Selbstbild
- meinesgleichen denkt nur ans Geld
- gehöre in den Verkauf und nicht in die Werkstatt
- niemand mag mich
- denke immer, ob es wahr ist, was andere sagen
- mag mich selbst nicht
- bin nicht anders, will nicht anders sein
- will mich nicht beliebt machen, werde mich wehren
- niemand kann mich lieben, kann mich selbst nicht lieben

SH 28 f.

SH 31

Die einseitige Begegnung der Andorraner mit Andri in den ersten sechs Bildern – einseitig insofern, da die Andorraner Andri mit dem fertigen, nicht zu korrigierenden Bild des Juden begegnen – gipfelt in dem ersten Gespräch mit dem Pater. Jener versucht gequält und ohne Überzeugungskraft, Andris „Anderssein" als etwas Besonderes herauszustellen, um ihn letztlich zur Annahme seiner selbst zu bewegen. Damit begegnet er Andri in gleicher Weise wie die übrigen Andorraner. Der Pater lässt Andri gar nicht zu Wort kommen und unternimmt keinen Versuch, herauszubekommen, warum Andri nach Aussage der besorgten Mutter so verstockt ist. Andri will über seine Probleme sprechen, forscht nach Ursachen und sucht die Vorurteile gegen sich. Der Pater weicht seinen Fragen aus. Er ist nicht daran interessiert, zu erfahren, wie Andri tatsächlich ist oder gar, wie ihm zumute ist. Schlimmer noch: Dadurch, dass er seine Absichten positiv verbrämt, festigt er nur noch Andris Bewusstsein, dass er seine Identität verloren hat und er sich gezwungenermaßen eine neue zulegen muss, eine ihm auferlegte.

Das Gespräch mit dem Pater ist für Andri enttäuschend. „Liebe deinen Nächsten wie dich selbst" ist ein Leitsatz der christlichen Lehre, der dazu auffordert, dass man die Mitmenschen aufgrund ihrer Würde als Menschen respektiert und nicht aufgrund besonderer Eigenschaften. Genau das tut der Pater nicht.

Mit lapidaren Worten reduziert der Pater den Inhalt eines vierstündigen Gespräches mit der Mutter auf deren Sorge um Andris verstocktes Verhalten. Sie sieht, wie sehr Andri unter dem Auseinanderklaffen von Fremdbild und Selbstbild leidet und bittet daher den Pater, Andri bei seiner Selbstfindung zu helfen.

SCHREIBAUFGABE: Brief der Mutter SH 17

Die Mutter muss sehr darunter leiden, nicht mehr der Mittelpunkt der Familie zu sein und keinen Menschen zu haben, mit dem sie gleichberechtigt über ihre Probleme sprechen kann. Can verbringt seine Zeit in der Pinte und kehrt nur noch betrunken nach Hause zurück, die Kinder vertrauen ihr nicht mehr ihre Sorgen an und sie vereinsamt. Zudem wird damals die Aufnahme von Andri in der Familie nicht unproblematisch gewesen sein.
Dieser Brief lässt viel Interpretationsspielraum für die Jugendlichen und ermöglicht ein Hineinversetzen in eine Figur des Stückes, die doch weitestgehend vage bleibt.

Inhalte:
- Schilderung der jetzigen Familiensituation (alle Familienmitglieder): Barblins Trotzreaktion, Andris Verschlossenheit und Abwehrhaltung, Cans Trunkenheit
- eigene Verfassung schildern
- Andris Verhalten (weglaufen, patzige Antworten – angelehnt an das Vierte und Sechste Bild)
- ihre Sicht auf Andris Situation

Einen ausformulierten Lösungsvorschlag finden Sie im Downloadbereich.

Tipp

Expertenteam Szenisches Spiel

Arbeitsauftrag
Hier eröffnen sich Alternativen hinsichtlich Spielszenen: Das Team spielt einen Pater, der sich nach dem wirklichen Befinden Andris erkundigt, um herauszubekommen, wie er sich fühlt und wer er tatsächlich ist. Überlegungen zu den seelsorgerischen Aufgaben eines Priesters können dieses sicher mutige Vorhaben vorbereiten helfen.

Frischs Figuren hätten anders handeln können. Natürlich lassen bestimmte Charaktere nur ein bestimmtes Spektrum des Handelns zu. Der Pater ist mit Sicherheit kein großer Kirchenmann. Seine seelsorgerischen Aufgaben sieht er mit schönen Prozessionen und salbungsvollen Reden erfüllt. Dennoch muss den Lernenden bewusst werden, dass dies genau das Problem des Paters darstellt und sein Versagen im Umgang mit Andri verursacht.
Andris Selbstzweifel führen zum Verlust seiner Identität: der Identität, die er sich vorgestellt hatte, die er wollte, die er selbst für sich sah. Er muss nun seine aufgezwungene Identität übernehmen und wird damit seiner Möglichkeit beraubt, sich selbst zu entfalten und zu entwickeln.
Der vorsätzliche Rauswurf aus der Tischlerwerkstatt, Cans Verweigerung der Hochzeit, Barblins offensichtlicher Verrat, so muss Andri Barblins Handeln empfinden, und die scheinbar wohlmeinende Haltung des Paters leiten einen Umschwung ein, der schon in der schonungslosen Abkehr vom Pflegevater im Sechsten Bild sichtbar wird, der dann in den Bildern 8 bis 11 zur Wirkung kommt und in einer Katastrophe eskaliert.

Achtes Bild | S. 66–76

Das Achte Bild wird von zwei Sachverhalten bestimmt: SH 17
- Die Schwarzen haben Truppen an der Grenze zusammengezogen.
- Eine Schwarze hat sich beim Wirt einquartiert.

Diese Sachverhalte sorgen für erregte Stimmung:
- Wird Andorra überfallen – Wird Andorra nicht überfallen?

In Andorra gibt es eine Krisensituation:
- die gespannte politische Lage aufgrund der Truppenbewegungen der Nachbarn
- Unsicherheit, Angst und Aggressivität (gegenüber der Senora) der Andorraner als Folge
- Die Beschwichtigungen des Doktors werden später als haltlose Phrasen erkannt werden.
- Die Rechtfertigungen des Wirtes, das Pochen auf das Gastrecht wird ihn später nicht daran hindern, einen Mord zu begehen („Ich wäre der erste, der einen Stein wirft.", S. 69, Z. 13–14).

Der Doktor zeichnet ein idealisiertes Bild von Andorra, um seine Landsleute zu beschwichtigen. Diese Argumente werden im Nachhinein als haltlose Phrasen erkannt.

Die Argumente des Doktors, die ein Bild Andorras widerspiegeln:

Die Andorraner sind das ***Volk, das in der Welt so beliebt ist wie kein anderes***.
Anderswo weiß jeder, dass Andorra ein Hort ***des Friedens, der Freiheit und der Menschenrechte ist***.
Andorra ist ein ***Begriff, ein Inbegriff***.
Andorra ist die einzige Republik in der Welt, die als Waffe ***die Unschuld hat***.
Die Andorraner können sich auf das ***Weltgewissen*** berufen.
Die Andorraner sind ein ***Volk ohne Schuld.***
Andorra hat kein ***Vergehen, das man ihm vorwerfen könnte***.
Somit wäre ein Angriff auf Andorra nichts als ein ***krasses*** und ***offenes Unrecht***.

SH 18 Allein beim Abgleich dieser Aussagen mit dem Bild des Doktors von Andorra wird deutlich, dass genau das Gegenteil zutreffend ist.

	richtig	falsch
Die Andorraner halten die Senora für einen Spitzel und verachten sie deswegen.	X	
Die Andorraner wollen die Senora nicht hier haben, weil sie von „drüben" ist.	X	
Der Wirt pocht auf das Gastrecht und verteidigt sich so, weil er der Senora ein Zimmer gibt.	X	
Der Wirt lässt die Senora offenkundig spüren, dass sie nicht willkommen ist.		X
Der Soldat begafft und diskriminiert die Senora.	X	
Alle bleiben in der Nähe, um die Senora zu beobachten.		X
Der Soldat prahlt, er habe die Senora verbal in die Schranken gewiesen.	X	
Der Geselle revanchiert sich bei Andri dafür, dass er ihn beim Tischlermeister nicht verraten hat, und verteidigt ihn bei den anderen.		X
Andri will beweisen, dass er nicht feige ist, und provoziert eine Prügelei.	X	
Die Senora ist die einzige, die sich um Andri sorgt.	X	
Der Doktor bietet seine ärztliche Hilfe an.		X
Die Andorraner schauen tatenlos zu, wie Andri zu Schaden kommt.	X	
Der Wirt hat Mitleid mit Andri.		X
Das Bild des Doktors über Andorra hält keiner Überprüfung stand. Die Andorraner werden von den Lernenden als diejenigen erkannt, die Gewalt anwenden bzw. deren Anwendung dulden, gleichzeitig aber von ihrer Rechtschaffenheit und Beliebtheit in der Welt überzeugt sind.		

Am Ende der vertiefenden Erschließung, wenn es um die Bewertung von Schuld und Verantwortung geht, wird auf dieses Bild noch einmal zurückgegriffen und die einzelnen Aussagen können überprüft bzw. widerlegt werden. Das kann auch zu Hilfe genommen werden bei der Gerichtsverhandlung als Dreizehntes Bild (SH S. 45).

Während der Reflexionsphase sollen die Lernenden erkennen:

- Andri provoziert den Streit, die Andorraner reagieren mit Gewalt.
- Die tatenlos zusehenden Andorraner sind der Meinung, Andri sei Recht geschehen, er habe angefangen.
- Niemand außer der verhassten Senora sorgt sich um Hilfe.
- Für die Andorraner ist dieser Umstand peinlich und blamabel.
- Der Wirt verhält sich widersprüchlich.
- Der Arzt kommt seinen Pflichten nicht nach (hippokratischer Eid), Andri könnte innere Verletzungen haben.

Vordergrundszene nach dem Achten Bild | S. 77–78

Die Senora fragt: „Warum hast du diese Lüge in die Welt gesetzt?" (S. 77, Z. 5) **SH 18**

Im Grunde genommen könnten alle diese Gründe diskutiert werden und in der Argumentation als denkbar herausgearbeitet werden.

Bereiten Sie Blätter vor, auf denen jeweils eine dieser Aussagen notiert ist. Legen Sie die Blätter aus, die Jugendlichen tragen auf ihnen ihre Begründung für „richtig" oder „falsch" ein. Im Anschluss werden die Argumente vorgelesen und ausgewertet.

☑ aus Angst vor den eigenen Leuten	– Can wäre geächtet gewesen, hätten die Andorraner erfahren, dass er mit einer „Schwarzen" liiert ist und sogar ein Kind mit ihr hat. – Er wäre aus ihrer Gemeinschaft ausgeschlossen worden.
☑ um seine Frau zu schützen	– möglicherweise war er schon verheiratet (fremdgegangen), Verrat an ihr – Sie wäre von den Andorranern auch ausgestoßen worden.
☑ aus Eitelkeit	– das Verhältnis zur Senora nicht zugeben zu müssen – um als vorbildlich handelnd dazustehen
☑ um die Beziehung zu einer Schwarzen zu leugnen	– für einen Andorraner undenkbar – das andorranische Volk bleibt unter sich
☑ um dem Bild der Andorraner zu entsprechen	– friedliebend, die Menschen liebend
☑ um sich an den Schwarzen zu rächen	– einen von ihnen beim „Feind/Rivalen" aufziehen – zeigen, dass die Andorraner ganz anders umgehen mit Juden (nicht ermorden wie die Schwarzen)
☑ um in Andorra etwas verändern zu können	– Hoffnung, zeigen zu können, dass Andri ist wie die Andorraner auch – mit Andri Toleranz und Respekt für Juden fördern, wenn er unter den Andorranern lebt
☑ um die Andorraner toleranter werden zu lassen	– Andri als guten, ehrlichen Menschen erziehen und somit zeigen, dass ein Jude natürlich in der Gemeinschaft der Andorraner leben und seinen Beitrag leisten kann.
☑ um den Andorranern einen Spiegel vorzuhalten	– die Vorurteile gegen Andri auf die Andorraner zurück projizieren – ihnen zeigen, dass sie nicht mutig genug sind
☑ um Andri zu beschützen	– vor den Schwarzen – vor der Feigheit seiner eigenen Mutter
☑ um aus Andri einen Andorraner zu machen	– nach dem Bild, das der Lehrer von einem Andorraner hat – als Teil einer Gemeinschaft, in der er akzeptiert ist, weil er wie sie ist und mit ihnen lebt
☑ um anders zu sein als die Andorraner	– um seinem Bild einer andorranischen Gesellschaft Ausdruck/Nachdruck zu verleihen

SH 34

SCHREIBAUFGABE: Brief der Senora **SH 19**

Die Senora hat von einem andorranischen Krämer die blumig ausgemalte Geschichte über einen andorranischen Lehrer gehört, der eine Zeit lang bei den Schwarzen gelebt und dort ein Judenkind gerettet habe, das jetzt bei ihm in Andorra lebe. Die Senora möchte von Can wissen, ob er der Lehrer sei und wenn ja, warum er ihr Kind als Judenkind ausgegeben habe. Der Brief der Senora, den sie vor langer Zeit und wiederholt an Can geschrieben hat, ohne je eine Antwort zu bekommen, orientiert sich an den Informationen der Vordergrundszene nach Bild 8 und bietet viel Raum für Details über die Vergangenheit von Can und der Senora, ihrer Liebe und wie es dazu kam, dass sie sich getrennt haben. Hier sollten auch Spekulationen zugelassen werden, da aus dem Stück nur wenig Emotionales und Gedankliches herauszufiltern ist, wovon ein persönlicher Brief aber lebt.
Wichtig ist zu klären, inwieweit sich die Senora bewusst ist, dass sie als Mutter versagt hat und der Brief deshalb auch Auskunft darüber geben sollte, wie sie versucht, damit fertig zu werden.

Weißt du, was du getan hast? Ich konnte nicht glauben, was ich befürchtete.

- ihre Liebe verraten
- die Familie hintergangen
- Andri den Anfeindungen der Andorraner ausgesetzt
- Andri seine Identität genommen
- Andri das Recht zu wissen, wer seine Eltern sind, genommen
- die Liebe zwischen Geschwistern zugelassen
- Cans Kampf gegen die Verbohrtheit, Ignoranz, Arroganz und Intoleranz der Andorraner auf Andris Rücken ausgetragen
- seine eigenen Ideale verraten
- so gehandelt, wie er es bei den Andorranern verachtet

Warum? Gründe für die Senora, nach Andorra zu reisen:

- Sie möchte Andri kennenlernen und ihm erklären, warum sie sich nie um ihn gekümmert hat.
- Sie ist mit zwei Damenkoffern und Mantel (Achtes Bild) nach Andorra gereist – ein Hinweis, dass sie länger bleiben möchte.
- Sie hat ein Reisevisum erhalten, obwohl die Schwarzen an der andorranischen Grenze Manöver abhalten und die Furcht vor einer militärischen Auseinandersetzung groß ist.
- Sie hat erfahren, dass Can zum Trinker geworden ist und es familiäre Schwierigkeiten gibt.
- Sie möchte Can zur Rede stellen, da er ihre Briefe nie beantwortet hat.

Neuntes Bild | S. 79–88

SH 20 **Andri erfährt etwas mehr über die Senora:**

a) Die Senora ist gekommen, ***um Andri die Wahrheit zu sagen/um Andri kennen zu lernen.***
Beide Varianten sind begründbar. Die Absicht, Andri die Wahrheit zu sagen, wurde von Can vereitelt.

b) Andri fühlt sich von Beginn an der Senora verbunden/***vermutet, sie war eine Geliebte seines Vaters.*** (S. 83, Z. 15–16); Andri lässt sich aber auch von ihr fürsorglich behandeln nach der Schlägerei, ist fasziniert von ihr und nimmt ihr Geschenk, den Ring, an.

c) Der Vater ***zwingt die Senora, nichts zu sagen und die Stadt zu verlassen***/hofft, dass seine Frau nichts von der Senora erfährt.
Im Zuge des Gesprächs zwischen Andri und der Senora, in dem sie andeutet, dass sich für Andri bald alles ändern wird, erfährt Cans Frau von seinem unehelichen Kind.

d) Die Senora ***ist feige***/schon immer eine aktive Rebellin.
Auch jetzt widersetzt sie sich Can nicht. Sie lässt zu, dass Andri wieder im Ungewissen bleibt. Vielleicht hätte er von ihr eine Erklärung akzeptiert und geglaubt. Rebellin war sie nur mit ihren Gedanken, aber in die Tat konnte sie ihre Vorstellungen von einer anderen Welt nicht, nicht einmal im Kleinen (bei ihrer eigenen Familie) umsetzen.

e) Die Senora ***versucht, das Geschehene zu rechtfertigen***/steht mit allen Konsequenzen zu ihren Taten.
Sie versucht, Andri zu erklären, was sie einst wollte und warum sie „versagt" hat. Allerdings kann Andri diesen Zusammenhang nicht verstehen, da er nicht weiß, dass sie seine Mutter ist.

Einst hatte die Senora erkannt, was an der Welt nicht in Ordnung ist. Ihre Ideale bzw. Kritikpunkte:

SH 34

- Sie wollte nicht denken wie ihr gefallener Vater, der Offizier war.
- Sie wusste, dass das, was man sie lehrte, mörderisch war.
- Sie verachtete die Welt, wie sie war.
- Sie durchschaute die Welt und wollte eine andere wagen.
- Sie wollte keine Angst vor anderen haben.
- Sie wollte nicht lügen.

Aber sie hatte Angst, wie auch Can, und merkte, dass sie mit dieser Angst nicht leben kann. Aus Angst wurde Hass, der wiederum zu Anpassung und Aufgabe der Ideale führte. Sie scheiterte, weil niemand sie unterstützte.

Der ausgefüllte Lückentext:
Die Senora hat in ihrer Jugend ***aus Feigheit*** ihren Sohn hergegeben und verleumdet. Sie hat sich nicht um ihn ***gekümmert*** und ihr Eintreten für eine bessere Welt so ***verraten.***

Man könnte ihr zugutehalten, dass sie sich später zumindest um die Wahrheit bemüht hat, wenn auch nicht konsequent genug, indem sie Can in Briefen kontaktierte. Sie kam nach Andorra, wollte eine Wiedergutmachung und entwickelte Reue und Gefühl für Andri. Aber es war zu spät.

Für die Lernenden stellt sich mit Sicherheit die Frage, was in den Eltern während der vergangenen neunzehn Jahre vorging. Von Can wissen wir, dass er zum Trinker wurde. Aber die Senora, warum meldet sie sich erst nach so langer Zeit? Warum geht sie schließlich, ohne Andri die Wahrheit zu sagen? Auch wird zu diskutieren sein, wie die sich anbahnende Katastrophe hätte verhindert werden können.

Tipp

Expertenteam Szenisches Spiel

Arbeitsauftrag

Die Senora und Can teilen Andri mit, dass sie seine Eltern sind. Es wären zwei Möglichkeiten auszuprobieren:

- Die Senora teilt dies Andri zunächst unter vier Augen mit.
- Die Senora und Can sagen zusammen die Wahrheit.

Wichtig ist, dass die Jugendlichen erörtern, wie die Handlung weitergehen könnte. Alternativ dazu könnte diese Spielszene auch erst gespielt werden, wenn sie die gesamte Handlung kennen, um abschätzen zu können, wie die Handlung, insbesondere nach dem Tod der Senora, weiter verläuft.

Der Vater schickt Andri, die Senora zu begleiten, und zwar „hinten rum". SH 20

Das könnte bedeuten, dass er befürchtet, man werde sie verfolgen oder ihr gar etwas antun. Allerdings zeigt es auch seine Feigheit, da er wohl besorgt darüber ist, dass auch er von den Andorranern verfolgt und gemieden wird, wenn sie sehen, dass eine „Schwarze" aus seinem Haus kommt. Er strickt so sein Lügengebilde weiter. Jugendliche könnten auch deuten, dass er Andri und der Senora noch ein paar gemeinsame Augenblicke ermöglichen will.

Das Verhalten von Cans Frau:

- Als sie die Wahrheit über Andris Herkunft erfährt, reagiert sie zunächst besonnen:
  „Ich versteh mehr, als du meinst, Can." (S. 81, Z. 31)
- Sie analysiert Cans damalige Situation sehr pragmatisch, was für sie unheimlich demütigend und verletzend sein muss, sie sich aber nicht anmerken lässt:
  „Du hast sie geliebt, aber mich hast du geheiratet, weil ich eine Andorranerin bin." (S. 81, Z. 31 – S. 82, Z. 2)
- Sie fühlt sich, ihre ganze Familie, besonders Andri, verraten. Ihre vorrangige Sorge gilt in diesem Moment Andri:
  „Du hast uns alle verraten, aber den Andri vor allem." (S. 82, Z. 2–3)
- Sie will Hilfe für Andri und bittet wieder den Pater:
  „Nun müssen Hochwürden ihm sagen, was ein Andorraner ist, und daß er's annehmen soll." (S. 82, Z. 9–11)

Das zweite Gespräch zwischen Andri und dem Pater hat eigentlich das gleiche Anliegen wie das erste: Andri soll überzeugt werden, sich anzunehmen. Diesmal soll der Pater ihm beibringen, dass er kein Jude, sondern ein Andorraner ist. Bezeichnend für diese Situation ist Andris Frage: SH 21

„Wie viele Wahrheiten habt ihr? [...] Das könnt ihr nicht machen mit mir ..." (S. 85, Z. 23–25)

SH 31

Andri hat sich beobachtet und findet die Vorurteile bei sich bestätigt.	(S. 86)	• bewegt sich, wie die Andorraner sagen • denkt immer ans Geld, wie die Andorraner sagen • hat kein Gemüt, sondern Angst, wie die Andorraner sagen
Die Gemeinschaft der Andorraner hat Andri dazu gebracht, das vorgefertigte Bild von sich anzunehmen.	(S. 86)	• Sie haben ihn mit Stiefeln getreten und Andri hat gemerkt, dass er nicht wie sie fühlt. • Sie haben ihn spüren lassen, dass er keine Heimat hat.
Er sieht seinem tödlichen Schicksal entgegen.	(S. 87)	• „Ich möchte, daß es bald geschehe. [...] ich möchte tot sein." (Z. 7, 25)
Der Pater ist hilflos.		• Er weiß, was die Soldaten mit ihm machen werden, wenn er abgeholt wird. • Er ist der Meinung, Andri versündige sich. • Er kann Andris Ausführungen nichts entgegensetzen und setzt sich wortlos.

Kann Andri die Senora umgebracht haben?
Theoretisch hätte Andri die Gelegenheit gehabt, die Senora umzubringen. Es ist einige Zeit vergangen, bis er das Gespräch mit dem Pater führt – der Mord hätte in dieser Zeit passiert sein können und die Tote wurde erst jetzt, während des Gesprächs, entdeckt. Allerdings fehlt bei Andri das Motiv, die Senora zu töten, denn bislang wusste er ja noch nicht einmal, dass sie seine leibliche Mutter ist.

Zehntes Bild | S. 90–96

SH 21 **„Ich habe den Stein nicht geworfen." (S. 90, Z. 5) Damit zeigt Andri:**

- Er hat keine Angst.
- Er muss/will sich nicht verstecken.
- Er weiß, dass er nichts Unrechtes getan hat.
- Hier ist es für ihn genauso sicher/unsicher wie anderswo/überall.

„Wer unter euch ohne Sünde ist, der werfe den ersten Stein auf sie." (Johannes 8,1–11; Römer 3,23.24)
Im biblischen Sinn:

- Mit dieser Aussage Jesus' wird die Überlegung initiiert, wie man reagiert, wenn uns Gottes Wort unserer Sünde überführt. Es fragt sich, ob überhaupt die Möglichkeit besteht, sündenfrei zu sein. Im biblischen Text soll tatsächlich ein Stein geworfen werden, im übertragenen Sinne ist das „Steinwerfen" aber das „Jemandem Schaden zufügen" schlechthin, in welcher Weise auch immer – körperlich oder seelisch.

Im wahrsten Sinne des Wortes im Text:

- Bezogen auf die Andorraner wird das natürlich ein Paradox. Der Wirt erwähnt im Verlaufe des Stücks den Stein des Öfteren:
  - „Ich wäre der erste, der einen Stein wirft." (S. 69, Z. 13–14)
  - „[...] – ein Stein [...], der Wirt habe es mit eignen Augen gesehen." (S. 88, Z. 17–20)
  - „Jedenfalls hat er den Stein geworfen." (S. 106, Z. 26)
  - „Wer sonst soll diesen Stein geworfen haben?" (S. 108, Z. 3–4)
  - „Hab ich vielleicht den Stein geworfen?" (S. 108, Z. 10)
  - „Hier, genau an dieser Stelle, [...] hier lag der Stein, [...] ein loser Pflasterstein [...]." (S. 108, Z. 14–16)

  und qualifiziert sich so zum wahrscheinlichen Mörder.

Schlussfolgerung:
Für Andri ist klar, dass die Andorraner einen Sündenbock brauchen, er sieht sein Schicksal besiegelt, denn sie selbst seien ja ein Volk ohne Schuld. Das wiederum aber würde nur einen von ihnen als Mörder ausmachen, geht man nach der biblischen Bedeutung.

In Andorra hat sich nun die Situation geändert, denn es wurde ***von den Schwarzen besetzt*** und verlor somit ***seine Souveränität*** – es wird ***fremdbestimmt***.

SH 22

Verhalten der Andorraner	Meine Bewertung
• leisten keinen Widerstand • ziehen sich in ihre Keller zurück • lassen die Fensterläden herunter, verriegeln jede Tür • geben ihre Waffen ab • blicken einander nicht an, schweigen • hissen schwarze Fahnen	Sie verhalten sich feige, wie sie es Andri immer vorgeworfen haben. Sie ergeben sich, auch der Soldat, obwohl er meinte, er sei lieber tot, als sich zu unterwerfen. Sie haben der Invasion nichts entgegenzusetzen. Ihr Selbstbildnis bricht zusammen!

ANDRI

☑ ergibt sich seinem Schicksal.
☑ sieht sich nicht als Cans Sohn, sondern als Jude.
☑ sieht sich als Sündenbock der Andorraner.
☑ macht seinem Vater Vorwürfe.

CAN

☑ gesteht ein, feige gewesen zu sein.
☑ bietet Andri den Tod an, damit der ihm glaubt.
☑ sagt allen, dass Andri sein Sohn ist.
☑ will seinen Sohn retten.

Was bedeutet das Zitat: „Kein Andorraner hat etwas zu fürchten." (S. 92, Z. 13 f.) für Andri und die Andorraner?

Andri:
- Eigentlich müsste es Andri einbeziehen, da er kein Jude, sondern Andorraner ist.
- Er sieht aber seinem Schicksal entgegen, da er sich nicht als Andorraner fühlt und von ihnen auch nie akzeptiert werden wird.

Andorraner:
- wiegen sich in Sicherheit
- selbst ein Mord dürfte dann ungestraft bleiben
- ordnen sich unter, dulden das Unrecht

Elftes Bild | S. 98–103

Der ausgefüllte Lückentext: SH 22

Zwei Soldaten in einer ***schwarzen*** Uniform patrouillieren mit ***Maschinenpistolen*** auf dem Platz in Andorra. Andri quält ***Barblin*** mit der Frage, wie oft sie mit Peider ***geschlafen*** habe. Doch zunächst ***schweigt*** sie. Als sie Andri dann vorwirft, ***ungerecht*** zu sein, beginnt Andri, Barblin ziemlich ***rüde/gemein*** zu behandeln. Sie nennt ihn jetzt ***Bruder***. Andri aber glaubt nicht, dass er das ist. Schließlich ***folgt/bedrängt*** er Barblin und sie ***verstecken*** sich. Die Verfolger haben bereits das ***Haus*** erreicht auf der Suche nach ***Andri***. Trotz allem versucht Andri, Barblin zu ***schützen*** und ***schickt*** sie ***weg***. Doch da steht bereits ***Peider*** in der Tür und fordert ***Andri***. Dieser wird gesucht, weil er die ***Senora getötet haben soll***. Andri ***stellt*** sich selbst, um ***von Barblin abzulenken***, und wird zur ***Judenschau*** mitgenommen. ***Peider*** beschimpft Barblin als ***Judenhure*** und sie weiß, was das ***bedeutet***.

SCHREIBAUFGABE: Tagebucheintrag Andri/Barblin SH 23

Andri

- zynisch
- überzeugt davon, dass Barblin freiwillig und öfter mit Peider geschlafen hat
- bedrängt sie, will sie haben
- sieht keine Zukunft mehr, keinen gemeinsamen Ausweg – es ist zu spät
- macht ihr Vorwürfe, prangert sie an
- vielleicht war er aber auch selbst schuld und hat zu lange gewartet
- unterstellt ihr, ihn nicht geliebt zu haben
- keine Spur von Liebe mehr
- sieht sich nicht als Barblins Bruder
- will sich nicht mehr verstecken, davonlaufen
- will Barblin schützen, da er weiß, was sie mit ihr machen werden

Barblin

- weint
- fühlt sich ungerecht behandelt
- überlegt, ihm die Wahrheit über Peider zu sagen
- will ihn nicht noch mehr verletzen
- wundert sich über ihren schnellen Wechsel der Gefühle von leidenschaftlicher zu Bruderliebe
- versucht, ihn zu beruhigen
- ist von seinen Annäherungsversuchen unangenehm berührt
- hat vielleicht Angst vor Andri
- hofft vielleicht insgeheim, dass er entweder flieht oder von den Soldaten entdeckt wird, damit er von ihr ablässt
- erkennt ihren Andri nicht wieder

Im Text finden die Lernenden nur Indizien für das, was in Barblins Kammer zwischen ihr und Peider passiert ist. Ein Austauschen über die unterschiedlichen Meinungen ergibt unterschiedliche Einschätzungen.

Was soll die Judenschau zeigen?

Die Judenschau soll zeigen, wer ein Jude ist. Dabei wird jedoch nicht der Mörder der Senora gesucht. Schlussfolgernd würde das bedeuten: Wer Jude ist, hat die Senora umgebracht und wird deswegen verurteilt, oder aber, wer Jude ist, wird verurteilt, weil er Jude ist. Die Schwarzen sind ebenso wie die Andorraner judenfeindlich. Daher drängt sich der Gedanke auf, dass die Schwarzen den Tod ihrer Landsmännin nicht wirklich aufklären, sondern Juden ausfindig machen wollen. Das kommt einer Vorverurteilung gleich und setzt die Schwarzen mit den Andorranern auf eine Stufe, was die Senora ebenfalls schon konstatiert hatte.

Andris Schicksal nach dem Elften Bild

SH 24 Andri wurde abgeführt (von Peider, der ihn schon immer diskriminiert hat) – er ist vom Tode bedroht.

- Herkunft: *Andri ist nach seiner Überzeugung Jude, nachdem er jahrelang dem Fremdbild der Andorraner ausgeliefert war, hat er es angenommen; er konnte trotz aller Versuche kein Andorraner werden, obwohl er der Herkunft nach einer ist – aber niemand glaubt das außer seiner Familie.*
- Familie: *Andri weist den Vater ab und wirft ihm vor, durch die Lüge sein Leben zerstört zu haben – er hat ihm nichts mehr zu sagen; die leibliche Mutter wurde getötet; seine Pflegemutter unterlässt keine Bemühung, ihm zu helfen, aber vergeblich; Barblin fühlt sich als seine Schwester, hat aber nun auch Angst vor ihm – seine einstige Liebe, seine Braut, fehlt Andri.*
- Gesellschaftliche Stellung: *Andri ist kein Mitglied der andorranischen Gesellschaft und somit ausgegrenzt.*

Gründe für Andris Wehrlosigkeit:

- Er hat sich zu lange gewehrt, er kann nicht mehr.
- Er kann keine neue „Wahrheit“ akzeptieren.
- Er hat keine Perspektive im Leben, weder beruflich noch familiär noch gesellschaftlich.
- Er beschreibt gegenüber dem Pater und gegenüber Can ziemlich genau sein Schicksal, sein jüdisches Schicksal, und sieht sein Ende am Pfahl vorher.
- Vielleicht will er den Tod, sieht ihn als einzigen Ausweg aus seiner Situation.

Nach Andris Verhaftung könnte Folgendes passieren:

- Inhaftierung, möglicherweise Folterungen, Judenschau, Ermordung

Kann Andri noch gerettet werden?

Alternativen aus eigener Kraft

- Er könnte fliehen.
- Er könnte um sein Recht kämpfen.

Alternativen von außen:

- Wer ist in dieser Situation noch bereit, das Risiko einzugehen, sich für Andris Leben einzusetzen? Außer der Familie kann nur der Pater helfen, weil er die Wahrheit über Andris Herkunft kennt und er als einziger Andorraner der Familie zugetan ist.
- Bischof
- Menschenrechtsorganisationen/Hilfsorganisationen
- Vertreter ausländischer Fernseh-, Hörfunk- und Zeitungsjournalisten

Die Lernenden sollten in Kleingruppen der Frage nachgehen, warum er selbst keine Möglichkeit zu seiner Rettung wahrnimmt.

Expertenteam Szenisches Spiel

Arbeitsauftrag

Für die Überzeugung des Paters werden die Arbeitsergebnisse der Inhaltssicherung zu Hilfe genommen werden.
Auch kann der Hinweis auf die Nächstenliebe und das bisherige „Versagen“ des Paters an seiner Ehre kratzen.

Sinn dieser Überlegungen ist, dass den Jugendlichen Andris hoffnungslose Situation deutlich wird, welche seinen Todeswunsch fördert, aber dass ihm gleichzeitig die Aussicht, zu sterben, Grauen bereitet (S. 87).
Die Lernenden begreifen den Fortgang der Handlung als Eskalation einer in ihren Grundzügen lange vorbereiteten Katastrophe, welche durch den äußeren Umstand eines Steinwurfes in Bewegung gekommen ist und unaufhaltsam ihr Ende ansteuert. Es gibt kein Zurück mehr.

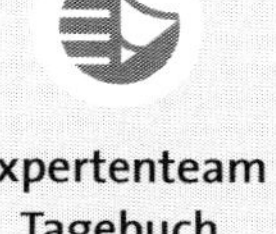

Expertenteam Tagebuch

Ergebnissicherung
Damit klar wird, in welcher Situation sich Andri nun befindet und wie er damit umgeht bzw. was ihn in dieser Lage bewegt, könnte das **Expertenteam Tagebuch** seine bisherigen Ergebnisse vorstellen, gerne auch zur Besprechung.

Vordergrundszene nach dem Elften Bild | S. 104 f.

SH 25

SH 27

Der Doktor an der Zeugenschranke:
Obwohl er sich kurz fassen will, ist seine Aussage an der Zeugenschranke am umfangreichsten, was nicht gleichzusetzen ist mit „am aussagekräftigsten". Er macht hier seinem Eindruck als „Schwätzer" alle Ehre.

– hat es nicht nötig, über sein Verhalten nachzudenken	„[...] abgesehen davon, daß ich, was meine Person betrifft, wirklich nicht weiß, warum ich mich anders hätte verhalten sollen." (S. 104, Z. 5–7)
– weist jegliche Mitverantwortung von sich	„[...] habe ich nie an Mißhandlungen teilgenommen oder irgend jemand dazu aufgefordert. [...] Ich bin nicht schuld [...]." (S. 105, Z. 4–7)
– will sich „reinwaschen"	„Ich gebe zu: Wir haben uns damals alle getäuscht, was ich selbstverständlich nur bedauern kann. [...] Ich bin nicht für Greuel [...]." (S. 104, Z. 13–15)
– weist Andri eine Mitschuld zu	„[...] daß sein Benehmen (was man leider nicht verschweigen kann) mehr und mehr (sagen wir es offen) etwas Jüdisches hatte [...]." (S. 104, Z. 21–24)

Zwölftes Bild | S. 106–127

SH 25

SH 39

Im Zentrum des Zwölften Bildes steht die Judenschau, auf die mit Hilfe des SH S. 39 noch genauer eingegangen wird.

	richtig	falsch
Die Andorraner glauben jetzt, Andri sei kein Jude.		X
Die Andorraner haben Andri schon verurteilt.	X	
Andri hat den Stein auf die Senora geworfen.		X
Der Doktor schwärmt von der Organisation der Schwarzen und von der Unfehlbarkeit des Judenschauers.	X	
Der Wirt gibt ein falsches Zeugnis über den Steinwurf ab.	X	
Keiner der Andorraner hat Angst vor dem Judenschauer und seinem Urteilsvermögen.		X
Barblin wird von den Schwarzen misshandelt.	X	
Der Jemand wird als Jude enttarnt.		X
Der Lehrer verdächtigt den Wirt, den Stein geworfen zu haben.	X	
Der Lehrer verhält sich wie die anderen Andorraner auch.		X
Die Judenschau wird untersuchen, wer der wahre Mörder der Senora ist.		X
Der Lehrer und Barblin versuchen, einen Widerstand der Andorraner zu beschwören. (eigentlich nur Barblin; der Lehrer beschimpft die Andorraner nach der Judenschau)	X	X

SH 26

1.e) Die Andorraner sollen keinen Widerstand leisten, um zu gewährleisten, dass nach der Judenschau im Land wieder alles ist wie vorher.

2.b) Der Wirt beteuert immer wieder, er sei kein Jude, weil er der Meinung ist, dass man ihn kennt und das falsche Annahmen ausschließt.

3.f) Der Jemand wird zunächst als Jude erkannt, dann aber erlöst, weil bereits der Soldat meint, dass er kein Jude ist.

4.a) Der Judenschauer sucht gezielt nach Andri, denn Andri ist bereits vorverurteilt.

5.d) Nachdem die Münzen aus Andris Tasche gefallen sind, macht der Lehrer die Andorraner darauf aufmerksam, dass sie sich hierin nicht von Andri unterscheiden.

6.c) Barblin ist nach der Judenschau ein Störfaktor für die Andorraner, da sie an das geschehene Unrecht und die Mitschuld erinnert.

Die Figuren am Ende des Stückes:

- Andri ***wird am Pfahl hingerichtet.***
- Der Lehrer ***erhängt sich im Schulzimmer.***
- Die Senora ***wird in Andorra mit einem Stein erschlagen.***
- Barblin ***wird geschoren und wird geistig verwirrt (wahnsinnig).***
- Die Mutter ***bleibt alleine zurück, ihre Familie ist zerstört.***
- Der Pater ***sieht als Einziger seine Schuld ein und wird Gott um Vergebung bitten.***
- Die Andorraner ***legen die Geschehnisse ad acta und leben weiter wie vorher. Sie sehen Barblin als Störfaktor an und weisen jegliche Schuld am Geschehenen von sich.***

Beim Vergleich der Szenenfotos fällt auf:

- Pfahl als Kreuz
- Pfahl wird geweißelt – Symbolik zum Vertuschen/Übertünchen der Geschehnisse und somit der Verantwortung der Andorraner
- Barblin als Braut oder geschorene Irre
- mit und ohne Andris Schuhe

Die Zeugenschranke – Im Vordergrund

Ergebnissicherung

Das **Expertenteam Bühnenbild** kann an dieser Stelle seinen Entwurf zum „Pfahl" von SH S. 5 gegenüberstellen.

Expertenteam Bühnenbild

Die Inhaltssicherung wird mit einer Untersuchung der Szenen vor der Zeugenschranke abgeschlossen. Dabei wird zunächst zusammengetragen, welche Aussagen in den Zeugenschrankenszenen/Vordergrundszenen getroffen wurden.

SH 27

Die Funktion der Zeugenschranke und der Vordergrundszenen:

- zusätzliche Informationen für das Publikum – Vorausschau auf das Ende
- Das Publikum wird dazu aufgefordert, das Verhalten der Andorraner zu beurteilen und sich Gedanken darüber zu machen.
- verdeutlicht Doppelmoral der Andorraner
- Symbol der Rechtfertigung/Entschuldigung
- Suche nach Ausflüchten
- nähere Charakterisierung der einzelnen Figuren

Name	Aussagen	Bewertung der Schuld
Wirt	– gibt zu, sich damals getäuscht zu haben. – hat geglaubt, was alle geglaubt haben. – hat Andri nicht schlecht behandelt. – ist nicht schuld.	– hat wahrscheinlich den Mord begangen – Falschaussage, er habe Andri gesehen – wiegelt andere auf/Wuchergeschäfte – unterlassene Hilfe
Tischler	– gibt zu, dass er Andri nicht in der Werkstatt haben wollte. – dachte, Verkäufer würde Andri mehr liegen. – meinte es wohl mit ihm. – ist nicht schuld.	– absichtlicher Rauswurf – lügt – nutzt Andri aus – unterlassene Hilfe
Geselle	– gibt zu, dass er Andri sein Versagen büßen ließ. – wollte mit ihm reden, schiebt aber Andri die Schuld zu, dass er es nicht tat. – konnte ihn später nicht mehr leiden. – weist Andri eine Mitschuld am Geschehenen zu. – ist nicht schuld.	– lügt – Mobbing – Vortäuschung von Freundschaft – unterlassene Hilfe – auch er greift Andri tätlich an
Soldat	– gibt zu, dass er ihn nicht leiden konnte. – glaubt noch immer, dass Andri Jude war. – hat ihn nicht getötet, nur Befehle ausgeführt.	– Körperverletzung – Vergewaltigung? – Falschbezeugung – unterlassene Hilfe
	nicht an der Zeugenschranke, sondern kniend im Vordergrund	
Pater	– hat sich schuldig gemacht. – hat auch sich ein Bildnis von Andri gemacht. – hat ihn auch an den Pfahl gebracht.	– kommt seiner christlichen Nächstenliebe nicht nach – macht sich ein Bildnis – unterlassene Hilfe
	nicht an der Zeugenschranke, sondern im Vordergrund vor dem weißen Haus	
Senora und Lehrer	– Lehrer hat die Lüge vom Judenkind in die Welt gesetzt. – Senora stellt Lehrer zur Rede, erhält aber keine Antwort. – Senora war feige und hat ihren Sohn weggegeben. – Beide suchen nach Gründen. – Lehrer will dem Sohn die Wahrheit sagen, zweifelt daran, dass die Andorraner sie wollen.	– Fürsorgepflicht verletzt (S und L) – lügen oder verheimlichen die Wahrheit. – lässt eine Inzestbeziehung zu (L) – Verrat am Kind
Jemand	– gibt zu, dass Andris Schuld nicht bewiesen ist. – Andri tat ihm leid. – weiß nicht, was mit Andri passierte. – will niemanden beschuldigen oder richten – stehe ihm nicht zu. – ist der Meinung, dass man das Ganze vergessen soll.	– unterlassene Hilfe – obwohl informiert, lässt er die Andorraner ohne Widerspruch handeln
	Vordergrund	
zwei Soldaten	– patrouillieren stumm mit Maschinenpistolen. – tragen schwarze Uniformen.	Überfall eines fremden Landes
Doktor	– weiß nicht, warum er sich hätte anders verhalten sollen. – findet, dass alle nichts (Schlimmes) getan haben. – erinnert sich nicht mehr, was er gesagt hat über Andri. – gibt zu, dass er sich getäuscht hat (in Andris Herkunft) und bedauert das. – verurteilt die Schlägerei. – gibt Andri Mitschuld wegen seines jüdischen Benehmens. – schiebt die Geschehnisse auf die aufregende Zeit. – hat nie an Misshandlungen teilgenommen oder jemanden dazu aufgefordert. – ist nicht schuld. – bedauert den Lauf der Dinge damals im Namen aller.	– unterlassene Hilfe – Verweigerung medizinischer Hilfe – Diebstahl (Schuhe)

SCHREIBAUFGABE: Tagebucheintrag

SH 27 Grundlage für die Tagebucheinträge ist die Interpretation dieser Aussagen, die alle vorrangig das Ziel haben, die Schuld und Verantwortung für Andris Tod von sich zu weisen, das eigene Verhalten zu rechtfertigen und den Zusammenhalt der Andorraner in ihrem vorgefertigten Bildnis von Andri auch noch lange nach dem Geschehen zu zeigen.

Arbeitsauftrag

SH 30 Es bietet sich hier an, das **Expertenteam Bühnenbild** während des Schreibens der Tagebucheinträge an einem Bühnenhintergrund arbeiten zulassen. Hierbei können die Informationen von Sabine Manteuffel vom Memminger Theater genutzt werden.

Expertenteam Bühnenbild

Arbeitsauftrag

Zum Verständnis und zur Interpretation der Aussagen vor der Zeugenschranke könnte das **Expertenteam Foto** überlegen, wie die einzelnen Figuren vor der Zeugenschranke bzw. im Vordergrund auftreten (Mimik, Gestik, Körperhaltung, Blickrichtung). Diese Posen werden fotografiert.

Expertenteam Fotodokumentation

SH 28 f. Die doppelseitige Handlungsübersicht wird im Verlauf der Inhaltssicherung nach und nach vervollständigt. Am Ende der Inhaltssicherung werden die Ergebnisse verglichen und gesichert.

LH 22 Vorschlag: Vergrößerung der Doppelseite auf Plakatgröße, Musterlösung im Klassenzimmer aushängen. Eine Lösung ist hier im Heft auf S. 22 abgebildet und befindet sich zusätzlich im Downloadbereich.

Vertiefende Erschließung der Figuren und Themen (SH S. 30–52)

Im Mittelpunkt dieser Unterrichtsphase steht die Beschäftigung mit den Figuren und den Konflikten. Dabei können sich alle Expertenteams einbringen. Geben Sie Raum, sich innerhalb der Gruppen zu besprechen und Ergebnisse zu erarbeiten, die anschließend vorgestellt werden.

Die Gespräche zwischen Andri und dem Pater

SH 31

Gespräch im siebten Bild Gesprächsanlass: Hier „*will*“ (muss/soll) der Pater ***tun, was die Eltern nicht schaffen. Die Pflegemutter bittet ihn in einem vierstündigen Gespräch um Hilfe.*** In erster Linie redet ***der Pater.***		**Gespräch im neunten Bild** Gesprächsanlass: Hier „*will*“ (muss) der Pater ***sein erstes Gespräch ins Gegenteil verkehren. Andris Vater meint, nur der Pater könne Andri die Wahrheit sagen, nachdem die Senora wieder verschwunden ist und die Pflegemutter die Wahrheit kennt.*** In erster Linie redet ***Andri.***
– Andri dazu bringen, seine Identität als Jude anzunehmen – Andri überzeugen, dass er akzeptiert, anders zu sein als die Andorraner	**Was beabsichtigt der Pater?**	– Andri beibringen, dass er Andorraner ist, dass das, was man ihm in seinem bisherigen Leben nachsagte, nicht stimmt – Andri soll nun diese Identität annehmen.

– Um geliebt zu werden, müsse man sich selbst lieben. – Andri gefalle ihm, weil er anders sei (gescheiter, wacher). – Es sei ein Funke in Andri. – Kein Mensch könne aus seiner Haut. – Andri sei feige, wenn er sein wolle wie die Andorraner.	**Welche Argumente bringt der Pater hierfür vor?**	*– Es sei die Wahrheit. – Der Pater wusste es selbst nicht. – schwöre beim Heil seiner Seele – fragt Andri ungläubig, ob er denn Jude sein wolle*
– zweifelt – will nicht anders sein – fühlt sich unverstanden – wird immer wortkarger und geht	**Wie reagiert Andri?**	*– glaubt dem Pater nichts – hört ihm nicht einmal zu – lässt den Pater nicht zu Wort kommen – argumentiert, Jude zu sein*
– Unverständnis für Andris Problem – Ausweichverhalten – vertritt auch die Vorurteile über Juden – selbstgerecht – will helfen, ohne davon überzeugt zu sein	**Haltung/Einstellung/ Verfassung des Paters**	*– denkt zunächst, es werde nun leichter, denn es ist das, was Andri wollte – sieht kein Problem in der Umkehr seiner Argumentation – hilflos – begreift wohl zum ersten Mal, dass er etwas falsch gemacht hat*
– weint, unsicher, verzweifelt – störrisch – wollte Hilfe und wird nun doch wieder in den Topf „Jude" gesteckt – seine Ausgrenzung wird ihm klarer	**Haltung/Einstellung/ Verfassung Andris**	*– ist zunächst guter Dinge und verrät dem Pater, dass er weggehen will (Ring) – ist nun überzeugt, das andorranische Bild des Juden zu erfüllen – sieht ein tragisches Ende auf sich zukommen*
– Andri erkennt das vorgefertigte Bild der Andorraner auch beim Pater. – verliert seine Selbstsicherheit – Kommunikation gescheitert	**Ergebnis des Gesprächs**	*– Andri hat das Bild der Andorraner übernommen. – verliert seine Identität – Kommunikation gescheitert*

Expertenteam Fotodokumentation

Ergebnissicherung

Den Verständnisprozess unterstützen kann das **Expertenteam Fotodokumentation**, indem es sich genau erarbeitet, wie und wo Andri und der Pater agieren. Dabei ist es wichtig, die Haltung/Verfassung der beiden mit einzubeziehen. Die entstandenen Fotos werden veröffentlicht und diskutiert.

SCHREIBAUFGABE: Dialog zwischen der Senora und Andri

Tipp

Wer könnte dieses Gespräch mit einigermaßen Aussicht auf Erfolg noch führen?

Der Pater ist nicht die richtige Person, Andri von seiner wahren Identität zu überzeugen. Die größte Chance, Andri die Wahrheit mitzuteilen, hatte die Senora. Statt wegzugehen und auf ein Wiedersehen zu hoffen, hätte sie Andri sagen können: „Andri, ich bin deine Mutter, Can ist dein Vater." Sicher ist auch denkbar, dass Andri in gleicher Weise wie beim Pater reagiert hätte: „Ich möchte nicht Vater noch Mutter haben […]." (S. 87, Z. 2)

Dennoch wäre es einen Versuch wert, dieses Gespräch zu entwerfen (Schreibaufgabe „Dialog") und durchzuspielen.

Alternativ könnte eine Gruppe ausprobieren, die Pflegemutter als Überbringer der Wahrheit einzusetzen. Sie wusste auch bislang die Wahrheit nicht und wurde ebenso hintergangen und verraten wie Andri.

SH 32 f. Andris Weg in die Katastrophe

Die Tabelle vereint im Grunde genommen alle Einflüsse, die auf Andri einwirken:

- sein Selbstbild
- das sukzessive Zerstören seiner Persönlichkeitsfindung, seiner Lebensziele
- das Fremdbild der Andorraner
- die Lüge seines Vaters und deren Folgen
- die Lügen anderer Figuren

	Andris Selbstbild	Fremdbild der Andorraner	Konfrontation mit Lüge/Wahrheit – Folgen	Andris „Verluste"
Bild 1	Andri ist eine lebendige Persönlichkeit: – ist unbeschwert – verschwendet sein Geld im Orchestrion – höflicher Küchenjunge – möchte Tischler werden und Barblin heiraten	Ihm wird ein Beruf zugeschrieben, das läge ihm im Blut – er solle Makler werden oder an die Börse gehen, aber nicht Tischler. – Juden denken nur ans Geld. – Juden müssen sich beliebt machen. ***– Juden haben Angst, sind feige.*** ***– sind genervt von ihm***	***Lüge: Andri ist ein gerettetes Judenkind.*** ***– Diskriminierung/ Ausgrenzung***	*Er darf nicht so sein, wie er möchte.* ***– Achtung als Mensch*** ***– seine Persönlichkeit***
Bild 2	– hat Angst, stolz zu sein – sieht keinen Unterschied zwischen sich und den anderen	***– Juden sind geil und ohne Gemüt.*** ***– Juden haben kein Gefühl.*** ***– Juden sind nicht lustig.***	***Wahrheit: Barblin versichert ihm ihre Liebe.*** ***– Andri zweifelt dennoch.***	*– seine Selbstsicherheit* *– seinen Stolz*
Bild 3	***– ist handwerklich geschickt*** ***– ehrlich und mutig, weil er dem Tischler konterte***	***– Andri werden handwerkliche Fähigkeiten abgesprochen.*** ***– Mit Andri hat man Ärger, der Tischler hat es geahnt.*** ***– undankbar*** ***– Juden beklagen sich immer.*** ***– Juden reiben sich immer die Hände.*** ***– Juden schnorren.*** ***– Juden haben das Geschäftemachen im Blut.***	*Lüge:* Der Geselle verschweigt sein eigenes Unvermögen. ***– Andri wird aus der Werkstatt geworfen.*** ***– Benachteiligung, ungerechte Behandlung***	***– seine Lehre*** ***– seine Lebensgrundlage*** ***– sein Glück***
Bild 4/5	***– scheint als Jude wohl nicht gut genug für Cans Tochter*** ***– Der Doktor sieht ihn anders, sobald er weiß, dass er Jude ist.***	***– Juden versinken im Boden, wenn sie den Namen des Vaterlandes Andorra hören.*** ***– Juden sind überall, wohin man auch kommt, und wissen alles besser.*** ***– Juden stecken voller Ehrgeiz.*** ***– Juden sitzen auf allen Lehrstühlen dieser Welt.*** ***– Juden sind nicht zu ändern.*** ***– Juden verstehen keinen Spaß.***	***Lüge: Andri ist ein gerettetes Judenkind – darf Barblin nicht heiraten, rennt weg, erfährt den wahren Grund nicht und spekuliert nun im Selbstzweifel.*** ***– Can überwirft sich mit dem Doktor.*** ***– Can schließt körperliche Gewalt gegen den Doktor nicht aus.*** ***– Can wird zum Trinker.***	***– seine geliebte Barblin, seine Braut*** ***– seinen Lebensinhalt*** ***– seine Zukunft*** ***– den Familienzustand***
Bild 6	***– will sich nicht unterkriegen lassen und schmiedet Fluchtpläne mit Barblin, will Barblin nicht aufgeben*** ***– hat den Hass als Schutzschild für sich entdeckt*** ***– will sich ändern und verstellen*** ***– geduldig und hart, listig und stolz*** ***– spart für seine Zukunft mit Barblin – will reich werden***	***– wird bedroht*** ***– ist nicht wert, Barblins Mann zu werden***	*Wahrheit:* Can versucht, Andri die Wahrheit zu sagen, aber Andri hört ihm nicht mehr zu, weil Can betrunken ist und Andris Lebenstraum zerstört hat.	*– seine Beziehung zu seinem Vater* *– seine Achtung vor seinem Vater* ***– sein Vertrauen in Barblin***

Andris Selbstbild	Fremdbild der Andorraner	Konfrontation mit Lüge/Wahrheit – Folgen	Andris „Verluste“	
– mag sich selbst nicht – vorlaut – will nicht anders sein als andere – fühlt sich ständig beobachtet – will sich nicht beliebt machen – will sich wehren – zweifelt, ob Barblin oder irgendjemand ihn liebt	– Der Pater meint, Juden/Andri habe(n) etwas Gehetztes an sich. – Juden sind gescheiter als andere. – Juden reagieren überempfindlich. – In Juden ist ein „Funke“. – Juden haben mehr Verstand als Gefühl. – Juden sind anders als andere. – Alles, was passiert, beziehen sie darauf, dass sie Jude sind. – Andri nimmt sich selbst nicht an. – Niemand mag Andri.	Wahrheit/Lüge: Andri soll sich als Jude annehmen, um in der Gesellschaft leben zu können. – Andri resigniert.	– sein Glaube – seine Gegenwehr gegen das Anderssein – den Respekt vor sich selbst	Bild 7
– patzig – provozierend – geht in die Offensive – Alle sind nun gegen ihn.	– wird verspottet – nervt und macht die Leute nervös – Man kann Andri ungestraft verprügeln. – Es ist nicht üblich, einem verletzten Juden zu helfen. – Andorraner fühlen sich nicht wohl, wenn sie einen Juden sehen. – Juden verlangen, dass Andorraner sich an ihnen bewähren. – Juden wollen den anderen ein schlechtes Gewissen aufzwingen. – Juden wollen, dass man ihnen Unrecht antut.	Lüge: – Andri wird verachtet und verprügelt. – Andorraner wenden Gewalt an.	– wird verprügelt, Verlust des Eigenschutzinstinktes – Verlust der körperlichen Unversehrtheit – seine Würde – seine Selbsteinschätzung	Bild 8
– Jude von Geburt – ist froh, den Soldaten provoziert zu haben – gibt sich anders – denkt nur ans Geld – meint, kein Gemüt, sondern nur Angst zu haben – weiß, wenn er feige ist – fühlt sich nicht wie die Andorraner – sieht sich ohne Heimat – hat sich als Jude angenommen – möchte tot sein, hat aber Angst vor dem Sterben	– Juden bewegen sich so und so. – Juden denken nur ans Geld. – Juden sind feige. – mit Stiefeln getreten – Andri wird des Mordes an der Senora beschuldigt.	Wahrheit: Andri ist der Sohn der Senora und Cans; der Pater überbringt nun eine weitere Wahrheit – Andri glaubt ihm nicht, es ist zu spät. Lüge: Die Senora gibt sich Andri nicht als Mutter zu erkennen, reist wieder ab und wird ermordet – die letzte Chance für Andri ist dahin. Lüge/Gewalt: Die Senora wird ermordet.	– seine Identität – sein nach Langem angenommenes Selbstbild – seine Herkunft – seine Jugend – seinen Lebensmut – seine Familie	Bild 9
– will sich nicht verstecken – Sündenbock für die Andorraner – weiß, dass er verloren ist		Wahrheit: Für eine Versöhnung mit dem Vater ist es zu spät; Andri kann seinem Vater nicht verzeihen.	– seinen Selbsterhaltungstrieb – seine Ehre	Bild 10
– sieht für sich keine Zukunft – ihm ist alles egal		Wahrheit: Es ist zu viel gelogen worden, sodass Andri nichts mehr glaubt.	– seine Selbstachtung	Bild 11

Bild 12

Andris Selbstbild	Fremdbild der Andorraner	Konfrontation mit Lüge/Wahrheit – Folgen	Andris „Verluste“
– *Er will den Ring der Senora behalten.*	– *Man sieht auf den ersten Blick, ob jemand Jude ist.* – *Andri hat den Stein geworfen.* – *Den Juden erkennt man am Gang, man sieht es an den Füßen.* – *Wir hätten Andri sofort ausliefern sollen.* – *Juden lachen ein Judenlachen.* – *Juden kämpfen um Wertsachen und haben „Judengeld“ in der Tasche.*	*Wahrheit:* – *Nun findet der Lehrer den Mut, den Andorranern den Spiegel vorzuhalten – aber zu spät.* – *Der Lehrer bringt sich um.*	– *sein Leben*

SCHREIBAUFGABE: Rollenbiografie Andri

SH 33 Diese Schreibaufgabe wird erst in Angriff genommen, wenn auch die Gespräche zwischen Andri und dem Pater (SH S. 31) untersucht worden sind.
Eine Rollenbiografie ist ein ausführlicher Lebenslauf einer literarischen Figur von der Geburt bis zum Zeitpunkt des Schreibens der Biografie. Dabei werden in einer Textvorlage fehlende Lebensstationen mit Fantasie ergänzt und mit Leben gefüllt.

Hilfen für die Stoffsammlung

Zum Schreiben werden genutzt: SH S. 5–29, 31–32/Ergebnisse des **Expertenteams Tagebuch**
bereits gezeigte Spielszenen des **Expertenteams Szenisches Spiel**

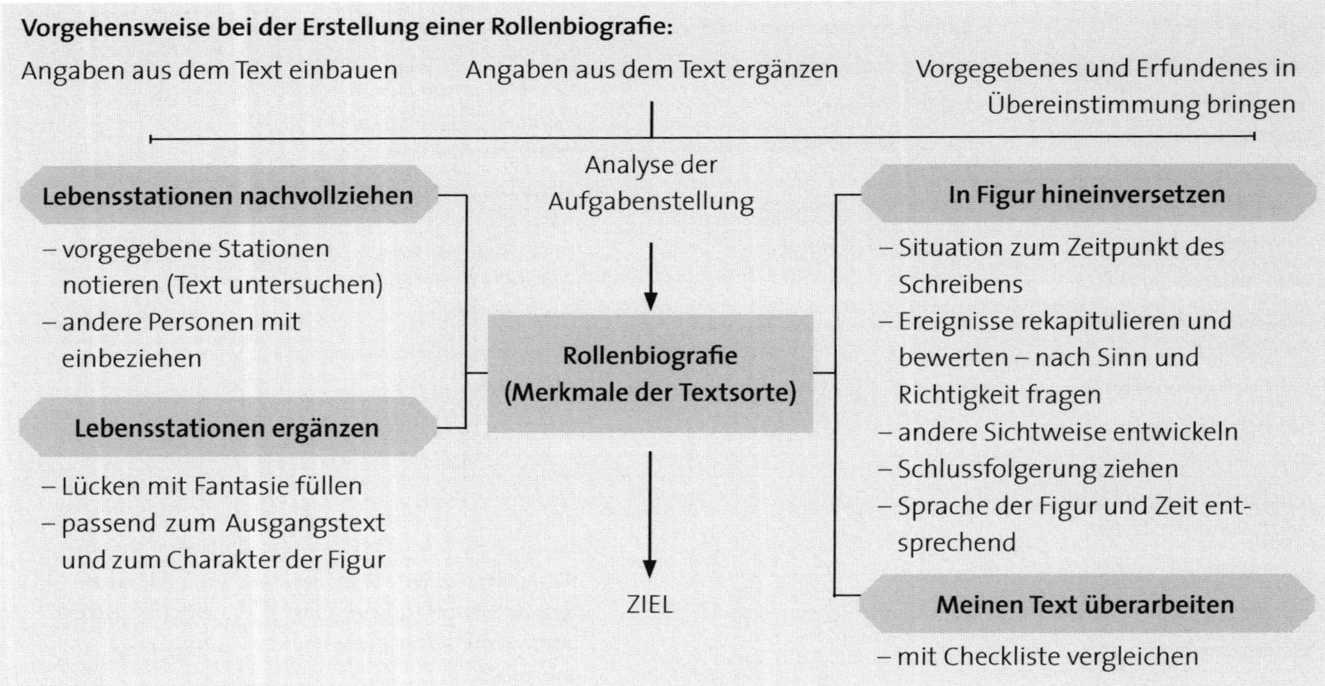

Die Rollenbiografie soll letzten Endes eine Figur vorstellen. Sie ist ein Lebenslauf, der durchaus chronologisch sein sollte. Sie orientiert sich an den Vorgaben des Ausgangstextes, kann aber auch fantasievoll ergänzt werden. Man soll die Figur dadurch kennen- und verstehen lernen.

Checkliste: Rollenbiografie

- allgemeine Angaben: Name, Alter, Wohnort, Herkunft
- Lebensumstände, Handlungsweisen nachvollziehen/hinterfragen/erläutern
- Angaben zum Äußeren: Kleidungsstil, Aussehen
- soziale Beziehungen: Familie, Freunde
- innere Einstellung: Prioritäten, Vorlieben, Abneigungen, Ängste, Gedanken, Gefühle
- Wünsche, Auffassungen zu bestimmten Themen
- chronologisches Vorgehen

Die Lüge ist ein Egel ...

SH 34

Andris Eltern

Senora – Andris Mutter	im Neunten Bild	Can, der Lehrer – Andris Vater
eine von „drüben", eine „Schwarze"; Vater Offizier	**Herkunft**	*Andorraner*
– war sehr jung, als sie Andri geboren hat *– wollte nicht denken wie ihr Vater* *– verachtete die Welt, wie sie war* *– wollte eine andere wagen* *– wollte keine Angst haben* *– wollte nicht lügen* *– hasste Can, weil beide die Angst verschwiegen*	**sie erzählt/ von ihm heißt es**	*– wollte immer mit dem Kopf durch die Wand* *– zerreißt die Schulbücher, wollte andere Schulbücher haben* *– lässt mit Rotstift anstreichen, was in den andorranischen Schulbüchern nicht wahr ist* *– konnte nie vermitteln, was er eigentlich wollte* *– ein „Judenretter"*
– verleugnet ihr Kind vor ihrem Volk *– hat sich erst nach neunzehn Jahren um ihren Sohn gekümmert*	**sie werden Eltern und handeln**	*– gibt seinen Sohn als gerettetes Judenkind aus* *– hasst die Senora, weil sie ihr Kind verleugnet*
– hört rührende Geschichten von einem geretteten Judenkind *– hat sich um die Wahrheit bemüht; Brief an Can* ***Reise nach Andorra*** *– will die Situation aufklären* ***Begegnung mit Andri*** *– schenkt ihm einen Ring*	**Reaktionen nach 19 Jahren –**	*– **Cans Frau meint**, er habe die Senora geliebt, aber eine Andorranerin geheiratet.* *– hat seine Familie verraten, besonders Andri*
– sagt ihm nicht die Wahrheit, weil Can es so wünscht *– prophezeit ihm, dass die Wahrheit für ihn alles verbessern wird*	**Umgang mit der Wahrheit**	*– **Gesprächsversuche mit Andri** scheitern* *– hat die Wahrheit zu lange verschwiegen, jetzt glaubt ihm niemand mehr*
– wird von einem Andorraner mit einem Stein erschlagen	**ihr/sein Ende**	*– ist ein Trinker geworden und erhängt sich*
***Sie wollte einmal eine andere Welt und** war bereit, dies zu wagen.* *– wurde Lügnerin aus Angst vor ihren Leuten*	**ihr Anspruch und was sie gehalten haben**	***Er bestand einmal auf der Wahrheit und** hat sie doch verraten.* *– wurde Lügner aus Angst vor seinen Leuten*

Schlussfolgerung:
Die Lüge war der scheinbar leichtere, die Wahrheit der schwierigere, unsichere Weg, doch dadurch wurde eine Kettenreaktion mit katastrophalen Folgen ausgelöst. Letztendlich haben beide aufgrund der Lüge nicht das Leben geführt, das sie wollten. Die Lüge konnte nicht mehr zurückgenommen werden. Andris Eltern handeln verantwortungslos, weil sie ihr Kind nicht annehmen und den für sie scheinbar leichteren, in ihrer damaligen Situation für sie gangbaren Weg wählen. Wenn Andri später im zehnten Bild sagt: „*Was du getan hast, tut kein Vater*" (S. 4, Z. 4), drückt er damit nichts anderes aus.

Expertenteam Szenisches Spiel

Arbeitsauftrag
Das Kreuzverhör erschließt die Möglichkeit, die eigene Sichtweise und Bewertung des Verhaltens der Eltern einzubringen. Diese spiegeln sich in den Fragen wider. Im Zuge des Kreuzverhörs wird erörtert, warum niemand von beiden die Lüge korrigiert.

SCHREIBAUFGABE: Cans Brief an Andri

„[...] die Lüge ist ein Egel, sie hat die Wahrheit ausgesaugt." (S. 49, Z. 10–11)

Einen persönlichen Brief schreiben:

Auf Geschehnisse Bezug nehmen
- lebt seit Andris Geburt mit dieser Lebenslüge
- an andorranischer Gesellschaft gezweifelt (Bücher zerrissen), doch jeglichen Mut verloren
- Rechtfertigung mit Fürsorglichkeit all die Zeit

Eigenes Verhalten erklären
- mangelnder Mut
- feige, die Beziehung mit einer Schwarzen vor Andorranern zuzugeben
- Hilflosigkeit
- zu idealistisch an die Beziehung herangegangen
- Schuldeingeständnis

Datum, Anrede, persönliche Ansprache, Anlass

↓

Persönlicher Brief (Merkmale der Textsorte)

- Gedanken, Gefühle
- Schlussformel: Wunsch...

↓

ZIEL
- Andri soll ihm zuhören und nun die Wahrheit glauben
- bietet eigene Konsequenzen an, aber keine Entschuldigung
- Vergebung?

In Figur hineinversetzen
- Situation zum Zeitpunkt des Schreibens
- Ereignisse rekapitulieren und bewerten – nach Sinn und Richtigkeit fragen
- andere Sichtweise entwickeln
- Schlussfolgerung ziehen
- Sprache der Figur entsprechend

Meinen Text überarbeiten
- Prüfen: Inhalt/Form/Sprache
- Merkmale der Textsorte
- evtl. Partnerkorrektur

SH 35 **Can**

Für das Bearbeiten der Figur „Can, der Lehrer" werden die Informationen aus SH S. 34 hinzugezogen:
- wollte die Welt (Andorra) verändern, Andorra den Spiegel vorhalten
- zu Beginn idealistisch, hat(te) aber Angst vor seinen Landsleuten, gab Andri deshalb als Judenkind aus
- wollte aufbegehren und scheiterte an seiner Angst
- droht den Andorranern verbal (Lachen wird ihnen vergehen, werden ihr eigenes Blut noch kennenlernen)
- verbal aggressiv (gegen den Doktor, gegen die Andorraner, gegen Barblin und Andri)
- trinkt, weil er sein Leben auf einer Lüge aufgebaut hat; weil er keinen Ausweg sieht; weil Andri ihn ablehnt; weil er schuldbewusst ist, nicht mutig genug zu sein, die Wahrheit zu sagen
- hilflos, weiß keinen Rat mehr

- fürsorglich gegenüber Andri
- verschlossen gegenüber der Senora
- wird fast wahnsinnig vor Verzweiflung
- verbittert, Gewissensbisse
- schreitet nur gegen Andri zur Tat (darf Barblin nicht heiraten)
- trägt am allermeisten zur psychischen Störung Andris bei
- am Ende Beschimpfungen, Mut vor den Andorranern, aber zu spät und ohne Einfluss auf die Katastrophe

Markante Zitate:

„Ich werde dieses Volk vor seinen Spiegel zwingen, sein Lachen wird ihm gefrieren." (S. 15, Z. 4–5)
„Woher wißt ihr alle, wie der Jud ist?" (S. 15, Z. 25)
„Ich werde kein Unrecht dulden, das weißt du, Andri." (S. 42, Z. 24–25)
„Du willst meine Schuld!?" (S. 95, Z. 4) „Geht heim vor euren Spiegel und ekelt euch." (S. 123, Z. 29–30)

Die Mutter, Barblin, die Senora

SH 36

Die Mutter

Sie ist eine unscheinbare, aber starke Frau, hat gesunden Menschenverstand und Realitätsbewusstsein.

- stellt sich schützend vor Andri
- behandelt ihn wie den eigenen Sohn
- ist besonnen und versucht immer, Can zu bewegen, überlegt zu handeln
- ist sehr traurig, weil Can trinkt und sich immer mehr von ihr entfernt
- wahrheitsliebend – hat Andri und Barblin gesagt, dass sie keine Geschwister sind
- fordert von Can eine ehrliche Begründung für das Verweigern der Heirat
- bittet den Pater um Hilfe
- ersucht auch beim zweiten Mal den Pater um Hilfe
- ist tief verletzt, als die Wahrheit ans Licht kommt, aber reagiert pragmatisch und besonnen
- fühlt sich verraten, aber ihre vorrangige Sorge gilt nach wie vor Andri (erstaunlicherweise nicht ihrer leiblichen Tochter Barblin)
- ist großmütig, hat ein gutes Herz
- wendet sich weder von ihrem Mann noch von Andri ab
- gibt Andri ein Alibi
- hat den Mut, vor allen die Wahrheit zu enthüllen

Treffende Zitate:

„Du verkrachst dich mit aller Welt, das macht es dem Andri nicht leichter." (S. 42, Z. 14–16)
„Ich hab das kommen sehen, Can." (S. 45, Z. 6)
„Ich versteh dich nicht, Can [...]." (S. 46, Z. 26)
„Du hast uns alle verraten [...]." (S. 82, Z. 2)

Barblin

- beginnt und beendet das Stück
- nicht in der Lage, in Gesprächen mit Andri auf dessen innere Zerrissenheit einzugehen
- offensichtlich gutaussehend und auf Männer reizvoll wirkend
- will von Andri liebende Zuwendung auch im Sinne von Körperlichkeit, Andri will von ihr aber vor allem Verständnis
- kann auf Andris Selbstzweifel nicht angemessen reagieren
- fühlt sich ständig mit seiner Unsicherheit, wieso er anders ist, konfrontiert und kann damit nicht umgehen
- von Peider vergewaltigt?
- wird von Andri nicht als Opfer der Vergewaltigung getröstet, sondern gedemütigt
- fühlt sich ungerecht behandelt
- Vater und Halbbruder verloren
- äußert sich nicht zu Andris Vorwürfen, sich mit Peider eingelassen zu haben

- steht zu Andri auch als Schwester, was eventuell Zweifel an ihrer Liebe (Heirat) aufkommen lassen könnte
- voller Fürsorge für Andri
- mutig, wenn auch ängstlich
- setzt sich als Einzige aktiv gegen den Judenschauer und die Andorraner bei der Judenschau ein, indem sie dem Judenschauer das Tuch vor die Stiefel wirft und die Andorraner zum Widerstand auffordert
- wird als „Judenhure" geschoren
- bleibt Andri auch über den Tod hinaus treu und liebend verbunden, bewahrt seine Schuhe auf
- zerbricht an den Ereignissen und verliert den Verstand, was sie wiederum hinter die „Kulissen" der andorranischen Bevölkerung schauen lässt – erkennt am Ende das wahre Gesicht der Andorraner und ihre gewalttätige Ader, vor allem in psychischer Hinsicht

Treffende Zitate:
„Ist's wahr, Hochwürden, was die Leut sagen? Sie werden uns überfallen [...]." (S. 10, Z. 2–3)
„Man bindet ihn an einen Pfahl [...]. Und wenn er eine Braut hat, die wird geschoren [...]." (S. 12, Z. 16–22)
„Fang jetzt nicht wieder an!" (S. 25, Z. 12)
„Ich weißle, ich weißle." (S. 126, Z. 9)
„Hier sind seine Schuh. Rührt sie nicht an! Wenn er wiederkommt, das hier sind seine Schuh." (S. 127, Z. 17–18)

Die Senora
- Andris leibliche Mutter aus dem Nachbarland (eine „Schwarze")
- wagt sich trotz der angespannten politischen Lage nach Andorra
- verleugnete ihren Sohn und gab ihn weg
- scheiterte an der Angst vor ihren Landsleuten
- hilft Andri nach der Prügelei
- versteht sich gut mit ihm und mag ihn auch
- sagt ihm nicht die Wahrheit, sondern macht nur Andeutungen
- enthüllt die Vorgeschichte und gibt Auskunft über Cans früheres Verhalten
- bringt Can endlich dazu, die Wahrheit über Andri zu sagen
- wird getötet und wird so zum Anlass der Ermordung des „Juden" Andri
- ist davon überzeugt, dass die Wahrheit Andri retten wird

Treffende Zitate:
„Die Wahrheit wird sie richten, und du, Andri, bist der einzige hier, der die Wahrheit nicht zu fürchten braucht." (S. 79, Z. 11–13); „Warum hast du diese Lüge in die Welt gesetzt?" (S. 77, Z. 5)

SH 37 **Die Andorraner**
Die Andorraner handeln geschlossen als Volk, das ein äußerst positives Selbstbild hat. Sie idealisieren sich an die höchste Stelle, schreiben sich ausschließlich gute Eigenschaften zu (z. B. Schlichtheit, Friedfertigkeit, Gerechtigkeit, Bescheidenheit) und sehen ihren Kleinstaat als vollkommen und beliebt an.
Aufgrund ihres Selbstbewusstseins fühlen sie sich dem Nachbarstaat überlegen und haben trotz dessen Übermacht (scheinbar) kein bisschen Angst vor einem Überfall.
Einzig der Lehrer steht diesem verklärten Selbstbild der Andorraner kritisch gegenüber und erkennt, wie das wirkliche Verhalten der Andorraner ist. Im Nachhinein kommt auch der Pater ins Grübeln und räumt Fehler ein.

	Aussagen über Andri	Aussagen über Andorra/sich selbst	Was tun sie/was nicht?
Der Pater	*– ist anders, soll es annehmen – kein Mensch verfolgt ihn – gefällt ihm mehr als die anderen – Prachtkerl – schreibt ihm jüdische Eigenschaften zu*	*– friedlich und fromm – ein schneeweißes Andorra – habe mir selbst ein Bildnis von Andri gemacht – schuldig – nicht so gescheit wie Andri*	*– tritt als Vermittler auf, aber unglaubwürdig und aussichtslos – tritt nicht als Zeuge bei der Judenschau auf – unterlässt menschliche und christliche Pflicht – schweigt, wo er hätte sprechen sollen*

	Aussagen über Andri	Aussagen über Andorra/sich selbst	Was tun sie/was nicht?
Der Soldat	– *kann ihn nicht leiden* – *muss sich beliebt machen* – *für seinesgleichen kämpft er nicht* – *hat Angst, weil er feige ist*	– *Die Kirche ist auch nur aus roter Erde gemacht und nicht so weiß, wie sie tut.* – *kämpfe bis zum letzten Mann* – *lieber tot als Untertan* – *hat (haben) keine Angst, ist nicht feige* – *Kein Andorraner hat etwas zu fürchten.*	– *ist arrogant und beleidigend zu Andri* – *provoziert und schlägt Andri* – *führt die Schwarzen zu Andri* – *hilft bei der Judenschau* – *bedrängt Barblin, dringt in ihre Kammer ein* – *vergewaltigt Barblin?*
Der Wirt	– *meint, ihn gut zu behandeln* – *genervt, weil er das Orchestrion spielen lässt* – *macht die Leute nervös* – *hat den Stein geworfen*	– *gemütliche Leute, aber wenn es ums Geld geht, sind sie wie der Jud* – *gastfreundlich* – *kein Volk so beliebt* – *kein Verräter*	– *stellt Andri als Küchenjunge an* – *bezeugt, er habe Andri den Stein werfen sehen – Falschaussage* – *nutzt Notlage des Lehrers aus* – *hat offensichtlich den Stein geworfen und die Senora getötet*
Der Tischler	– *hat das Handwerk nicht im Blut* – *soll lieber Verkäufer werden* – *nichts als Ärger mit ihm* – *gehört nicht in die Werkstatt* – *schnorrt* – *will seine Wertsachen nicht hergeben*	– *feilsche nicht* – *nur wir haben das Handwerk im Blut*	– *verlangt einen Wucherpreis vom Lehrer für Andris Ausbildung* – *lässt Andri mutwillig und ungerechterweise die Lehrlingsprobe nicht bestehen* – *nutzt Andri aus*
Der Geselle	– *ist mein Freund* – *reib nicht immer die Hände* – *der stottert* – *später nicht mehr leiden mögen* – *sagte nicht mal mehr guten Tag* – *es lag auch an ihm*	– *haben versucht, ihn in die Fußballmannschaft aufzunehmen, aber Andri wollte nicht mehr*	– *versetzt Andri Fußtritte* – *lügt* – *lässt Andri sein eigenes Versagen büßen*
Der Doktor	– *strammer, gesunder Bursche* – *fühlt sich nicht wohl, wenn er ihn/einen Juden sieht* – *legt es darauf an, dass man ein schlechtes Gewissen bekommt* – *will, dass man ihm Unrecht tut, weil er Jude ist – wartet darauf* – *Andorraner sollen sich immer an Juden bewähren.* – *habe nichts gegen die Juden* – *ehrgeizig* – *versteht keinen Spaß*	– *nüchtern, schlicht* – *macht keine Bücklinge* – *hier gilt ein jeder, was er ist* – *klein, aber frei* – *Vaterland* – *ist Andorraner mit Leib und Seele* – *kein Volk ist beliebter* – *Hort des Friedens, der Freiheit und Menschenrechte* – *Inbegriff* – *Volk ohne Schuld* – *kann sich aufs Weltgewissen berufen*	– *ist ein Schwätzer, überdeckt sein Versagen mit Phrasen* – *instruiert die anderen* – *sagt dem Wirt, er solle nicht so viel weitererzählen (vertuscht)* – *hilft Andri nicht nach der Prügelei* – *bewundert die Organisation der Schwarzen* – *schiebt die Schuld anderen zu*
Der Jemand	– *verklimpert immer sein Trinkgeld* – *stört beim Zeitunglesen*	– *ein fröhlicher Charakter* – *hat nichts gegen Juden*	– *gibt Kommentare* – *ist unbeteiligt, greift nicht ein* – *deutet Vorzeichen für die Katastrophe* – *liest Zeitung – damit eigentlich aktuell informiert und im Bilde* – *will alles vergessen* – *verkörpert allgemeines Verhalten und die Denkweise der Gesellschaft* – *zeigt keine Zivilcourage*

Expertenteam Szenisches Spiel

Ergebnissicherung/Konfrontationsfigur

Im Nachgang der Spielszenen, bei denen alle Lernenden als Beobachter fungieren, sollte unbedingt eine Besprechung erfolgen, in der vor allem die für die Entscheidung relevanten Punkte herausgearbeitet werden, seien es die Argumente, die Verhaltensweisen oder die Stärken im Spiel. Diese Reflexion trägt dazu bei, dass sprachliche und argumentative Mittel in den Blick gerückt werden, deren Wirkungsweise in der Realität täglich erfahrbar und durch Transparenz beeinflussbar ist.

SH 38 Projektion der eigenen Fehler auf Andri als „Sündenbock"

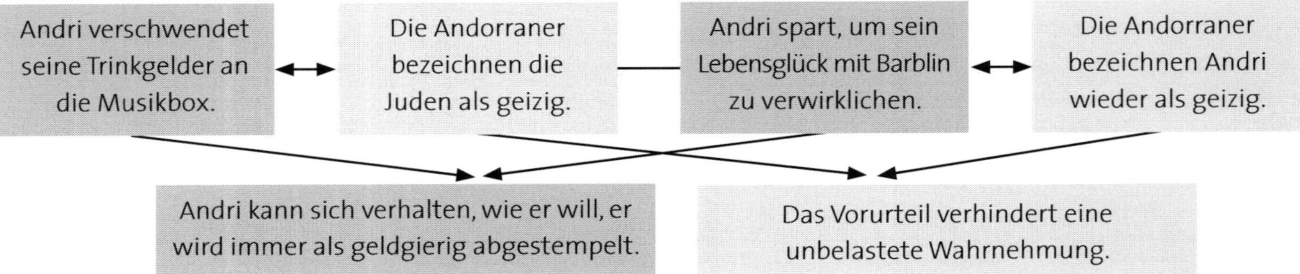

Das eigene geldgierige Verhalten des Tischlers (50 Pfund für Andris Lehre) und auch des Wirtes („Ich kaufe Land jederzeit. Wenn's nicht zu teuer ist.", S. 17, Z. 12–13) wird als geschäftstüchtig neutralisiert.

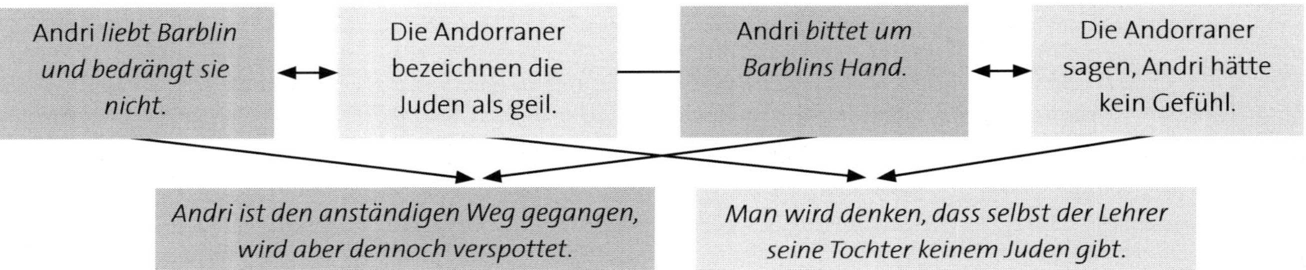

Peider hält sich für unwiderstehlich und bedrängt Barblin unverblümt. Als diese ihm einen Korb gibt, dringt er gewaltsam in ihre Kammer ein und vergewaltigt sie. Ihn nennt man einen echten Kerl.

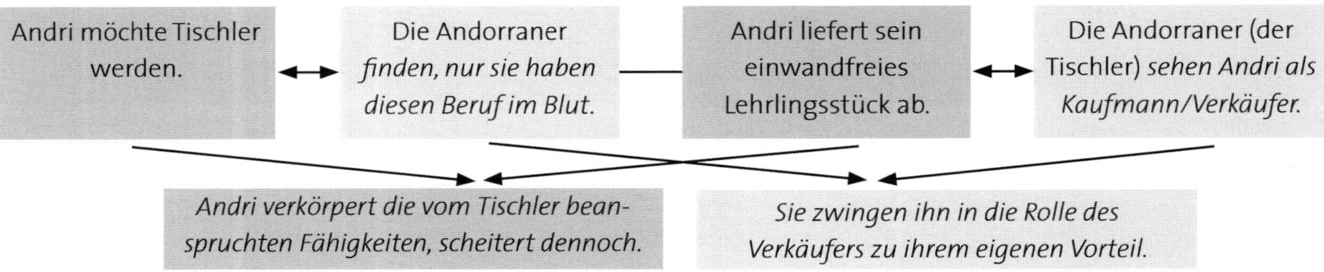

Der Tischler kann nicht einmal die richtige Holzsorte bestimmen, wirft Andri aber Unfähigkeit vor. Automatisch wird dem Gesellen, der dies auch nicht richtig stellt, der einwandfreie Stuhl zugeschrieben, denn der habe es ja im Blut.

Eigenschaften der Andorraner:

unehrlich, arrogant, überheblich, respektlos, unbelehrbar, uneinsichtig, ignorant, stolz, ohne Verantwortungsgefühl, neidisch, egoistisch, passen sich den Machtverhältnissen an, scheinheilig, heuchlerisch, verlogen, hinterlistig, gewalttätig, unfähig, verbrecherisch, opportunistisch

GELDGIERIG **GEIL**

Als Quintessenz dieses Arbeitsblattes kann die Projektion anhand der entscheidenden Textstelle Schritt für Schritt nachvollzogen werden, am besten visualisiert. Dies zeigt, dass Andri schon recht früh die Andorraner durchschaut (ohne es an dieser Stelle wahrhaben zu wollen):

„Das ist das Böse. Alle haben es in sich, keiner will es haben, und wo soll das hin? In die Luft? Es ist in der Luft, aber da bleibt's nicht lang, es muß in einen Menschen hinein, damit sie's eines Tages packen und töten können ..." (S. 28, Z. 9–13)

	Das Böse	
Alle haben es in sich	–	in jedem Fall die Andorraner mit ihrem offenen Antisemitismus
keiner will es haben	–	Sie wissen dies und
es muß in einen Menschen hinein	–	projizieren ihr Innerstes in Andri, den Juden.
damit sie's eines Tages	–	Andri wird beschuldigt, die Senora getötet zu haben;
packen und töten können		er wird an den Pfahl gebracht und getötet.

Damit ist das Böse vermeintlich ausgelöscht. Allerdings ist das ein Trugschluss, denn die Andorraner sind immer noch nicht bereit, sich ihrem Verhalten zu stellen und ihre Schuld einzugestehen. Sie sind diejenigen, die das Böse immer noch in sich tragen.

Die Andorraner weisen sich selbst alle guten Eigenschaften und Verhaltensweisen zu, den Juden und Andri dagegen die negativen. Sie waschen sich moralisch rein und geben sich friedfertig (weiß = unschuldig). Dabei kann Andri sich verhalten, wie er will – er ist immer „geldgierig, feige, hinterhältig oder verlogen". Die unbelastete Wahrnehmung gibt es nicht, denn bereits sie hätte immer wieder gezeigt, dass die Vorwürfe nicht haltbar sind und viele auf die Andorraner selbst zutreffen (geldgierig, feige, hinterhältig, verlogen).

Durch die Materialien „Urteil – Vorurteile", hier vor allem die Lexikonartikel zu „Sündenbock" u. a., kann der Mechanismus vertiefend untersucht werden. SH 62 f.

Auch im Artikel „Judenfeindschaft über Jahrtausende" finden sich dazu Bezüge. SH 57–59
Das Modell wird auch herangezogen, wenn die Schülerinnen und Schüler die Frage nach Schuld und Verantwortung diskutieren.

Die Judenschau
Das Bild von den Andorranern vervollständigt sich mit der Analyse ihres Verhaltens während der Judenschau. Das Festhalten von Gedanken und Gefühlen sollte so organisiert sein, dass alle Schülerinnen und Schüler ihre Ideen zu einem Ganzen zusammentragen.

Beim Szenenfoto sollte auf die Blickrichtung und den Gesichtsausdruck der abgebildeten Figuren geachtet werden, aber auch nicht abgebildete Figuren sollten einbezogen werden

Zur genaueren Untersuchung der Judenschau, die sich bereits an die Inhaltssicherung für Bild 12 ankoppelt, können alle Expertenteams zum Einsatz kommen: SH 39

Expertenteams Bühnenbild und Szenisches Spiel

Arbeitsauftrag
In Anlehnung an die Auswertung der Spielszenen mit der Konfrontationsfigur und unter Hinzunahme der Ergebnisse von SH S. 27, 37 bereitet das Team die Szenen für das Fernsehinterview vor.

Der Entwurf eines eigenen Bühnenbildes zur Judenschau kann die Idee der Gestaltung eines Pfahls mit einbeziehen.

Expertenteams Fotodokumentation und Tagebuch

Das **Expertenteam Tagebuch** kann Figuren aussuchen und sie über die Situation bei der Judenschau reflektieren lassen. Denkbar ist auch, die Ergebnisse mit dem **Expertenteam Szenisches Spiel** auszutauschen.

Das **Expertenteam Fotodokumentation** hat die Möglichkeit, das Spiel-Team zu begleiten. Sie können aber auch eigene Standbilder zur Judenschau entwickeln und diese so fotografisch nachstellen, wobei das Innere der Figuren ans Tageslicht tritt.

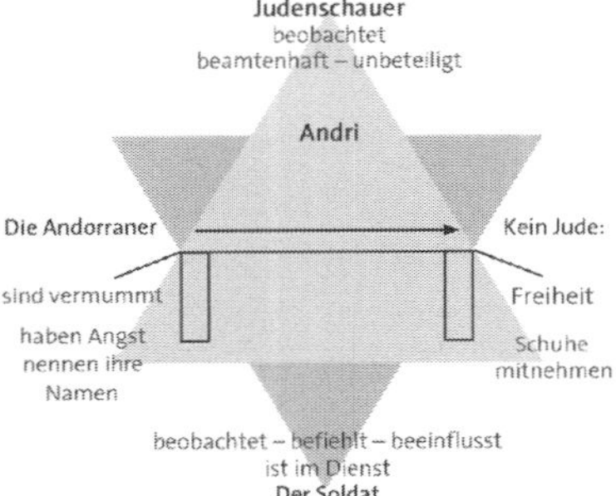

Die Andorraner durchlaufen den Blickwinkel zweier Beobachter. Diese beiden Blickwinkel entscheiden über Freiheit oder Tod.

Den Judenschauer ans obere, den Soldaten ans untere Ende der Tafel zeichnen. Die Blickwinkel überschneiden sich im Zentrum, eine jeweilige Verbindungslinie ergibt einen Davidstern. Diesen Umstand kann man sich zunutze machen und zeigt in diesem Zusammenhang ein Foto der Selektionsrampe von Auschwitz. Die Schau ist blutiger Ernst mit erschreckendem Hintergrund. Mit „rechten Dingen", wie der Soldat meint, geht es schon gar nicht zu, alles beruht auf einer rassistischen Vorverurteilung Andris.

Was durch die verschiedenen Zugangswege unter die Haut gehen soll, ist die zwingende Mechanik, die Maschinerie, welche zu Andris Ende führt. Die Dirigenten und Überwacher des Schauspiels haben die Regeln aufgestellt, nach denen alles abläuft wie am Schnürchen, selbst wenn es zu einer Panne kommen sollte (Jemand). Dieser Umstand entlockt dem Doktor seine Bewunderung. Es ist die organisierte Maschinerie des Todes, die er bewundert. Die Andorraner, die alles Böse ihrer selbst in Andris Antlitz sehen, zittern um ihr erbärmliches Dasein und gehen schulterzuckend in die Pinte, als alles vorbei ist und sie zu den Davongekommenen zählen. Bezeichnend dafür steht der Jemand, der für alle Andorraner steht, der alle Vorgänge durchschaut, aber ohne Konsequenz seinen Tag durchlebt und Zeitung liest. Dieser Jemand steht fassungslos zitternd da, als er aussortiert wird, ohne seine Ironie, welche sich jetzt im Angesicht des Todes als hilflose Fassade erweist. Sein abschließendes „Der arme Jud" (S. 124, Z. 4) ist der erbärmliche Versuch, öffentlich Mitgefühl zu heucheln. Dazu gesellt sich ein Tischler, der sich als gnadenloser Ausbeuter gezeigt hat und nun angesichts der Tatsache, dass einer ermordet wurde, bekundet: „Das mit dem Finger ging zu weit ..." (S. 124, Z. 12).

SH 40 f. Max Frisch, *Der andorranische Jude* – Verhaltensmodell

Die Zusammenfassung der Erschließung der Verhaltensweisen der Andorraner ist angelehnt an die Grundlage des Stückes, Frischs Parabel im ersten Tagebuch „Der andorranische Jude". Daraus und aus den bisherigen Erkenntnissen wird das Strukturbild im Schülerarbeitsheft auf S. 41 entwickelt. Es liegt auf der Hand, aufgrund des berichtenden wie aufzählenden Charakters dieser Parabel eine Liste der Vorurteile/Bildnisse zu erstellen und sie in Beziehung zu dem angeblichen Juden Andri zu bringen, der sich als Andorraner entpuppt, wodurch diese Vorurteile auf die Andorraner zurückfallen (Spiegel).

Max Frisch: *Der andorranische Jude* (Tagebuchauszug)[1] – wesentliche Aussagen, Markierungen:

Aus den individuellen Lösungen ergibt sich:
Die Parabel bildet die Grundideen und Vorurteils-Haltungen des Theaterstücks ab. Insbesondere die Bildnisproblematik wird verdeutlicht: Der junge Mann will gefallen, erkennt, dass das „Vaterland den andern [gehört]", er ringt um Anerkennung, es gelingt ihm nicht, zu sein wie die anderen, sodass er sein „Anderssein" mit „Stolz" und „Trotz" trägt.
Die Aussage „Die meisten Andorraner taten ihm nichts. Also auch nichts Gutes" entlarvt die Haltung der Andorraner, während vorgeblich fortschrittlichere ihn in seinem Anderssein bestärken. Wie Andri leidet der Junge unter den Bildnissen, kann sich nicht entwickeln, sein Tod ist „grausam" und „ekelhaft". Wer ihn grausam tötet, bleibt ausgespart.
Der Junge erweist sich nach seinem Tod als ein Findelkind, „ein Andorraner wie unsereiner".
Die Andorraner empören sich nicht über sich und die Tat, sondern nur über die Art derjenigen, die den Jungen töteten.

1 Max Frisch, *Gesammelte Werke in zeitlicher Reihenfolge. Jubiläumsausgabe in sieben Bänden.* Suhrkamp Verlag, Frankfurt am Main 1987, Band 2, S. 372 ff.

Obwohl die Andorraner nicht mehr über die Ereignisse sprechen, sind sie immer wieder aufs Neue entsetzt, dass sie die „Züge des Judas tragen", dass sie schuld sind am Tod des Jungen.
Im letzten Absatz gibt Frisch die Deutung dazu: „Du sollst dir kein Bildnis machen [...]". Nicht nur von Gott, sondern auch von der Individualität eines Menschen. Die Sünde wird an uns begangen und wir selbst praktizieren sie. Als Mittel der Überwindung führt Frisch die Liebe an, die Annahme eines Menschen, so wie er ist.

SH 41

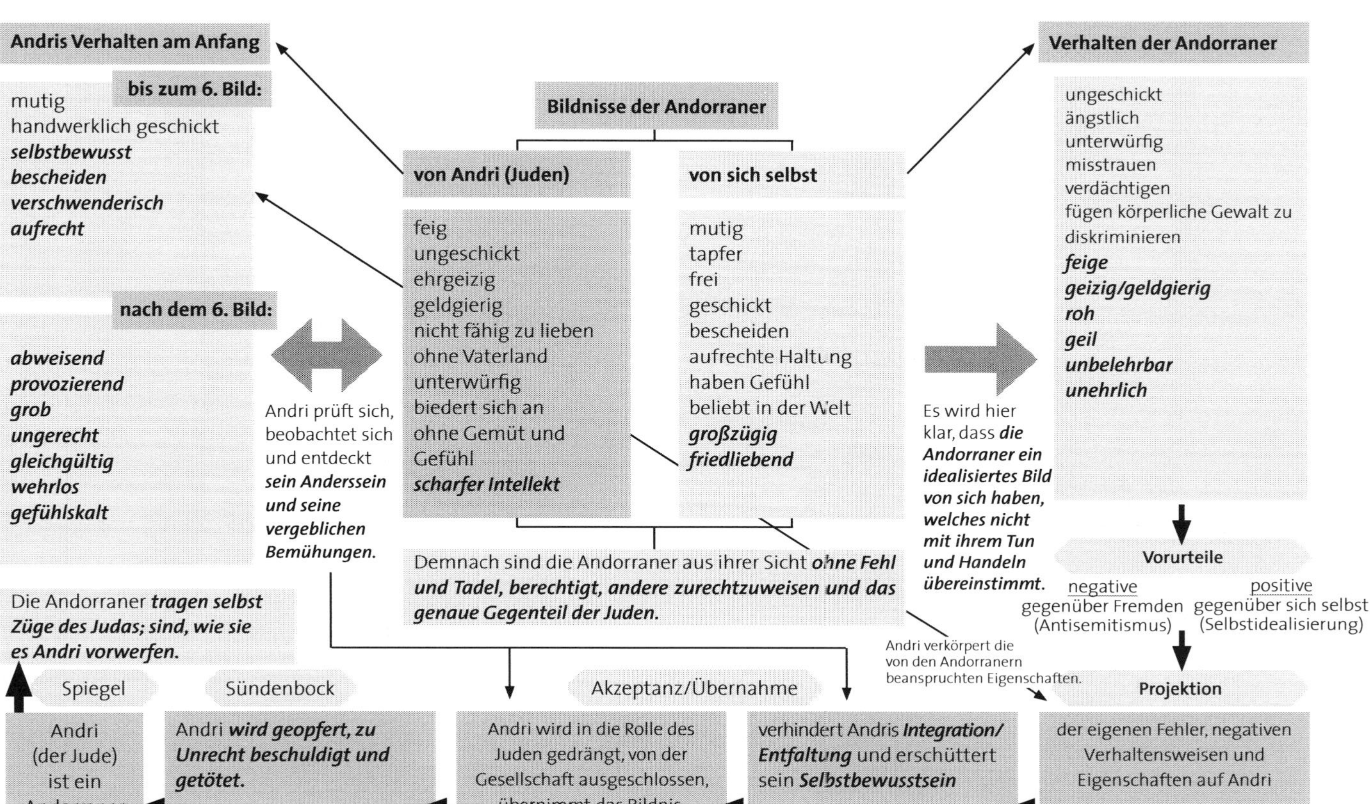

Symbolik

SH 42

Aufhänger für die Beschäftigung mit der Symbolik sind Szenenfotos, hier im Besonderen aus dem Ersten Bild. Einige Wesenszüge der Bild- und Symbolebene Andorras werden erarbeitet und systematisiert.

- Farbe weiß (Unschuld, Reinheit) = **Bildsymbolik**
- weißeln (Tünche über etwas geben, etwas verdecken, verbergen) = **Handlungssymbolik**
- Pfahl (Folter-/Mordinstrument für die Juden) – Vorausdeutung von Andris Schicksal = **Dingsymbolik**
- Peiders Kommentar: „[...] das saut euch jedesmal die Tünche herab [...]." (S. 9, Z. 25–26)
  Pater: „Auch ich habe mir ein Bildnis gemacht von ihm [...]." (S. 65, Z. 6–7) = **Sprach-/Bildsymbolik**

SH 43

Dingsymbolik		
Symbolik	**Textbeleg oder Szenenbezug**	**Bedeutung**
Pfahl	„[...] ich bin nicht verrückt, ich seh einen Pfahl, der sich eignet für allerlei –" (S. 16, Z. 23–25); „Tausende und Hunderttausende sind gestorben am Pfahl, ihr Schicksal ist mein Schicksal." (S. 95, Z. 14–16); „[...] auch ich habe ihn an den Pfahl gebracht." (S. 65, Z. 8)	– Hinweis auf das Ende des Stückes – Mahnzeichen – Warnzeichen – Verbindungsglied zu den Juden
Schuhe	„Hier sind seine Schuh. Rührt sie nicht an!" (S. 127, Z. 17); „Der braucht jetzt keine Schuhe mehr." (S. 124, Z. 2)	– sind das einzige, was von Andri übriggeblieben ist – Erinnerung – alles geht weiter und kann sich wiederholen – ohne Schuhe kann man nicht weglaufen – die Andorraner bekommen ihre Schuhe wieder und können sich so der Verantwortung entziehen
schwarze Tücher	„Ich zieh kein schwarzes Tuch über den Kopf!" (S. 109, Z. 31); *„Der Lehrer nimmt sein Tuch ab."* (S. 121, Z. 6)	– Verhüllen und stellen Anonymität her, hinter der sich jeder verstecken kann, außer Andri, dem das Tuch vom Kopf gerissen wird, und dem Vater, der die Wahrheit unvermummt spricht.

Bildsymbolik		
Symbolik	**Textbeleg oder Szenenbezug**	**Bedeutung**
schneeweißes Andorra	„[...] ein schneeweißes Andorra, wenn bloß kein Platzregen kommt [...]." (S. 9, Z. 17–18); „[...] und wenn ein Platzregen kommt, das saut euch jedesmal die Tünche herab, [...] eure schneeweiße Tünche von eurer schneeweißen Kirche." (S. 9, Z. 25–28)	– suggeriert das Bild von etwas, was schön, sauber, unberührt und unschuldig ist – Übertreibung durch Steigerung von „weiß" – Farbe kann auswaschen und das Original/die Wahrheit zum Vorschein bringen.
die Schwarzen	„Andri – die Schwarzen sind da." (S. 91, Z. 14); *„Eine schwarze Fahne wird gehißt."* (S. 93, Z. 22)	– die Bösen, die Verbrecher, die Anderen, zu denen die Andorraner letztendlich selbst gehören (hissen schwarze Flaggen)
Spiegel	„Ich werde dieses Volk vor seinen Spiegel zwingen, das Lachen wird ihm gefrieren." (S. 15, Z. 4–5); „Geht heim vor euren Spiegel und ekelt euch." (S. 123, Z. 29–30)	– Ein Spiegelbild lügt nicht, zeigt das wahre Gesicht. – Das Spiegelbild sieht man aber nur selbst und kann es so dennoch vor anderen verbergen. – Mittel zur Selbsterkenntnis

Handlungssymbolik		
Symbolik	**Textbeleg oder Szenenbezug**	**Bedeutung**
weißeln	Am Vorabend des Sanktgeorgstags wird Andorra herausgeputzt. (Erstes Bild)	– die Farbe ändern – etwas mit dem Mantel der Unschuld und Reinheit überdecken – etwas herausputzen, was nicht vorzeigbar ist
Judenschau	„[...] er ist mein Bruder – Die Judenschau wird's zeigen. [...] Alle müssen vor die Judenschau." (S. 103, Z. 1–7); „Der hat den Blick." (S. 109, Z. 8)	– Es geht nicht darum, den Mörder zu finden, sondern darum, einen Juden zu identifizieren. – Hinweis auf die Gleichheit von Andorranern und Schwarzen, die doch immer abgestritten wurde
die Schürze einrollen	„Dabei zieh ich bloß meine Schürze ab [...]. So ist Glück." (S. 18, Z. 25–28)	– symbolhafte Vorgänge (Schürze rollen, Namen in die Luft werfen) veranschaulichen ein Glücksgefühl – markiert Wende in seinem Leben – zeigt ihn selbst als Ausgangspunkt des Glücks – Eigeninitiative und Selbstverwirklichung

Sprachsymbolik		
Symbolik	**Textbeleg oder Szenenbezug**	**Bedeutung**
Andorra als ein Hort der Freiheit und der Menschenrechte	so sieht es der Doktor im Angesicht der Bedrohung durch die Nachbarn; dient als Begründung für einen Nichtangriff (Bild 8, S. 68)	– suggeriert Demokratie, ist aber ironisch gemeint, denn eigentlich beweist Andorra genau das Gegenteil mit der Vorverurteilung von Andri, seinen Vorurteilen und dem offenen Antisemitismus
„Ich wäre der erste, der einen Stein wirft." (S. 69, Z. 13–14)	„[...] der Wirt habe es mit eignen Augen gesehen." (S. 88, Z. 19–20); „Jedenfalls hat er den Stein geworfen." (S. 106, Z. 26); „Du bist's, der den Stein geworfen hat?" (S. 111, Z. 13)	– Eigentlich gibt der Wirt die Tat zu, es interpretiert nur niemand so. – Er stellt es sich nicht nur vor, er tut es.
Barblin weißelt die Mörder.	„Ich weißle, ich weißle. [...] Blut, Blut, [...] ich weißle, auf daß wir ein weißes Andorra haben, ihr Mörder [...]." (S. 125, Z. 4–15)	– Die Andorraner erhalten von Barblin ihre weiße Tünche, sodass sie sich darunter wieder verstecken können; Entlarvung.

In der Inszenierung des Erzb. St.-Angela-Gymnasiums Bad Münstereifel haben die Jugendlichen noch weiße Masken und ein weißes Gewand des Paters als Symbole eingefügt.

Wer trägt Schuld an Andris Schicksal?

SH 44

Es geht hier nicht darum, sich zum Richter aufzuspielen. Im Zusammenhang mit Andris Schicksal ist zu klären, wer welches Verbrechen begangen, wer es zugelassen und wer den Boden dazu bereitet hat:
„Die meisten Andorraner taten ihm nichts. Also auch nichts Gutes."[1] (Max Frisch, *Der andorranische Jude*)
Das erfolgt zunächst über einen Gedankenaustausch in Form eines rotierenden Partnergesprächs, in dem die Schuldigen und ihre Taten benannt werden. Es ist denkbar, dass die Lernenden bereits hier zwischen juristischer und moralischer Schuld unterscheiden. Die juristischen Hinweise im Materialteil „Schuld, Recht, Verantwortung" (SH S. 60 f.) bleiben dabei zunächst außen vor.

Peider/Soldaten: – Vergewaltigung, Totschlag, Körperverletzung, Diebstahl, Antisemitismus, Diffamierung als Judenhure, Mobbing, Feigheit, Ausschluss aus der Gemeinschaft der Andorraner
Lehrer/Senora: – Vernachlässigung der Fürsorgepflicht (Senora), mangelnde Zivilcourage, Verlogenheit
Pater: – mangelnde Zivilcourage, Verstoß gegen Hauptgebot der Nächstenliebe (aus dem Alten Testament – 2. Buch Mose, 20,4) – hat sich ein Bildnis gemacht, unterlassene Hilfeleistung
Wirt: – Mord, Falschaussage, Feigheit, Verlogenheit, unterlassene Hilfeleistung, Ausnutzung von Notlagen anderer Menschen, Ausschluss aus der Gemeinschaft der Andorraner
Tischler: – sittenwidrige Vertragsvereinbarungen, Antisemitismus, Ausschluss aus der Gemeinschaft der Andorraner, Verlogenheit, Habgier
Geselle: – Körperverletzung, Feigheit, Verlogenheit, Ausschluss aus der Gemeinschaft der Andorraner
Doktor: – Antisemitismus, unterlassene medizinische Hilfe, Verdunkelung/Vertuschung einer Straftat, Hochstapelei, Ausschluss aus der Gemeinschaft der Andorraner
Jemand: – unterlassene Hilfeleistung, mangelnde Zivilcourage

Möglichkeiten, wie man sich schuldig machen kann

- Gesetz brechen, Verbrechen begehen
- nichts gegen offensichtliches Unrecht tun
- zuschauen/wegschauen
- keinen Widerspruch erheben
- keine Bedenken äußern
- jemandem körperliche oder seelische Gewalt antun
- Mobbing
- Rufmord
- lügen
- sich der Verantwortung entziehen
- den Boden für ein Verbrechen bereiten
- ein Verbrechen dulden
- Vorurteile übernehmen und auf andere projizieren

1 Max Frisch, *Gesammelte Werke in zeitlicher Reihenfolge. Jubiläumsausgabe in sieben Bänden.* Suhrkamp Verlag, Frankfurt am Main 1987, Band 2, S. 372 ff.

SH 45 Der Fall Andri vor Gericht

Die Aufarbeitung der Schuldfrage bezieht sich auf den Modellcharakter, um in einer Spielszene, gekoppelt mit theaterspezifischen Aufgaben und Schreibaufgaben unterschiedlicher Tiefe, das Verhalten der Andorraner zu überprüfen. Die Spielszene soll verdeutlichen, wie die Senora getötet, Andri um sein Lebensglück gebracht und er schließlich misshandelt und umgebracht wird. Sie mündet in ein neues, in ein mögliches Dreizehntes Bild zu Andorra.

Um das Spiel vorbereiten und durchführen zu können, finden Sie im Materialteil (SH S. 60 f.) Auszüge aus dem Strafgesetzbuch – StGB. Diese können dazu verwendet werden, zunächst die juristische Schuld der Andorraner durch die Schülerinnen und Schüler bewerten zu lassen.

Vorüberlegungen:

SH 60 f.

- Die Jugendlichen vergleichen die Aussagen der Andorraner vor der Zeugenschranke und überlegen, in welcher Situation sie gemacht worden sein könnten.
- Im Unterrichtsgespräch wird geklärt, welche Straftatbestände vorliegen und welche Teilnehmenden für das Gerichtsverfahren notwendig sind (Zeugen selbst wählen!).
- Teilgruppen (Gericht, Anklage, Verteidigung, Angeklagte, Zeugen) bereiten sich auf ihre Rollen vor und sammeln Materialien.
- Es werden Zeugenaussagen der Mutter und des Paters formuliert. Beide kennen die Wahrheit über die Herkunft Andris. Die Schülerinnen und Schüler überlegen, ob der Pater eine (moralische) Schuld trägt.
- In ersten Spielversuchen werden die Ermittlungen durchgeführt, Verteidigung und Anklage befragen die Andorraner.

Das **Expertenteam Fotodokumentation** kann natürlich mehr als eine Szene fotografieren und so den gesamten Prozess dokumentieren.

Mögliche Inhalte der Anklagen

- Anklageschrift gegen den Soldaten wegen Beihilfe zum Mord, Totschlag, Raub und mehrfacher schwerer Körperverletzung. Er hat Andri niedergeschlagen (Achtes Bild), ihm gewaltsam den Ring der Senora geraubt, und er ist als Mittäter an der Ermordung Andris beteiligt gewesen (Zwölftes Bild).
- Anklageschrift gegen den Wirt wegen Mordes an der Senora
- Anklageschrift gegen den Doktor wegen unterlassener Hilfeleistung: Er hat den verletzten Andri (Achtes Bild) nicht medizinisch versorgt.
- Anklageschrift gegen den Gesellen Fedri und drei andere Soldaten wegen Körperverletzung (Achtes Bild)

Im Zuge dieser Arbeit vollziehen die Jugendlichen nach, wie Gerichtsparteien arbeiten. Sie erkennen, dass die Andorraner Mitschuld an der Verfolgung und Ermordung Andris und der Senora tragen und vor der Zeugenschranke bewusst gelogen haben. Es zeigt sich, dass die Mehrheit der Andorraner aufgrund ihres Schweigens und ihrer Teilnahmslosigkeit Mitschuld am Schicksal Andris trägt und aus den schrecklichen Geschehnissen immer noch nichts gelernt hat (moralische Schuld).
Eine juristische, strafrechtliche Verurteilung des Wirtes (Totschlag oder fahrlässiger Totschlag), des Soldaten (sexuelle Nötigung, Körperverletzung, Raub/Diebstahl), des Arztes (unterlassene Hilfeleistung), eventuell auch des Paters und anderer Andorraner (unterlassene Hilfeleistung und Strafvereitelung) wären nach den Bestimmungen unserer Strafgesetze zu erwarten.
Den Andorranern muss die Notsituation (Gewaltandrohung durch die Schwarzen) und ihre extreme psychische Situation in der Judenschau zu Gute gehalten werden. Die Situation hätte Zivilcourage verlangt. Dass es soweit schließlich kommen konnte und musste, haben sie alle mit zu verantworten.

Erarbeitungsphase III – Transfer und Aktualität

In dieser Unterrichtsphase stehen die Jugendlichen im Mittelpunkt und die Schlussfolgerungen, die sich anhand des Dramas für das eigene Handeln bzw. das gesellschaftliche Leben und Zusammenleben ziehen lassen.

Die eigene Identität

SH 46 f.

Andris Identitätssuche und sein Identitätsverlust bilden eine zentrale Problematik im Werk. Es bietet sich an, nicht im Plenum zu arbeiten, sondern zu organisieren, dass sich die Lernenden in kleinen Gruppen austauschen und über ihre Identitätsvorstellungen verständigen können. Auch wird an dieser Stelle nicht zwingend schriftlich gearbeitet. Ziel ist es, die Jugendlichen zum Nachdenken über sich selbst und ihre Vorstellungen zu motivieren. Dabei erfahren sie ein Stück weit, wie wichtig es ist, diese Suche unbelastet zu erfahren und auch in der Gewissheit zu bestreiten, dabei Unterstützung zu erhalten.

Im Transfer erkennen sie, wie ungeheuerlich die Erfahrung für Andri sein muss, dass sein Glück zerstört wurde und wie sehr das „Bildnis machen" sich gegen Menschen und deren Freiheit richtet.

SH 46

ICH ...	ICH BIN ...	ICH KANN ...
möchte einen guten Beruf erlernen.	*ein unsicherer Typ.*	*gut Rücksicht nehmen.*
freue mich auf eine Familie.	*neugierig auf meine Zukunft.*	*leicht zornig werden.*
möchte gerecht sein.	*gerne allein.*	*mir vorstellen, als Architekt zu arbeiten.*
möchte nicht nur für die Arbeit leben.		

Helfen und unterstützen können:
verständnisvolle Eltern/Freunde, die mich gut kennen/Lehrer, die auf mich eingehen

Behindern kann:
wenn ich „geformt" werden soll/ich mich nur ein- oder unterordnen soll/ich nicht weiß, wozu etwas gut ist/ meine Unsicherheit, wenn ich nicht weiß, was ich erreichen möchte/andere mich aufziehen

Im Mittelpunkt der Adoleszenz stehen die Loslösung von den Eltern und die Identitätsfindung. Die Identität ist unser unverwechselbarer Kern – so wie wir sind und wie wir wahrgenommen werden.
Wie bei Andris Glücksempfinden (Drittes Bild) äußert sie sich als ein Gefühl der Freiheit und der Erfahrung, Gegenwart und Zukunft frei und selbstbestimmt gestalten zu können. Sicherheit vermittelt dabei das Wohlbefinden und die Anerkennung als eigenständige Persönlichkeit durch das soziale Umfeld.
Sich über seine unverwechselbare Identität klar zu werden, ist nicht einfach. Wer bin ich, wer will ich sein, was will ich erreichen, was soll für meine Ehe, Familie wichtig, leitend sein? ... sind dabei existentielle Fragen. Der Prozess an sich ist wichtig und dass dieser unterstützt wird.
An Vorbildern und Spiegelbildern orientieren sich Kinder und Jugendliche. Vorbilder, der Vater, die Mutter, Freunde ... prägen Verhaltensweisen, die wiederum an Spiegelbildern ausprobiert und in der Auseinandersetzung mit Erwachsenen überprüft werden. Dabei werden Normen und Grenzen hinterfragt und ausgetestet. Da Jugendliche in ihren Einstellungen und Werten nicht gefestigt sind, haben Wertvorstellungen und Bewertungen anderer, die Peergroup und die Umwelt einen großen Einfluss. Deshalb ist es ganz wichtig, gerade in dieser von Schwankungen, Emotionen und Widersprüchen geprägten Phase Anerkennung und Unterstützung zu erhalten, um ein stabiles Selbstbewusstsein zu entwickeln. So können auch Widersprüche und das Erfahren von Grenzen akzeptiert werden.

Was ist bei Andri passiert? Wie hättest du reagiert, wenn dir solche Dinge widerfahren wären?
Andris Schicksal zeigt, wie unmöglich es ihm gemacht wurde, seine Identität zu entwickeln und wie schmerzhaft dies für ihn war. Andris Reaktionen, seine Unsicherheit, Wut, Trotz oder schließlich seine Gleichgültigkeit sind daher nachvollziehbar.
Einem Bildnis kann niemand genügen, dazu muss er sich deformieren und wesentliche Elemente und Züge seiner selbst verleugnen!

SH 47 Annette von Droste-Hülshoff – Das Spiegelbild

Das Entstehen eines selbst verfassten Gedichtes ist eine Anregung. Ein *„Ich-bin-Gedicht"* für Andri hingegen könnte durchaus entstehen, wenn die Lernenden ihre Gesprächsergebnisse, Ideen und Sichtweisen zusammenfassen. Das Gedicht *Das Spiegelbild* von Annette von Droste-Hülshoff drückt die Identitätsproblematik in Form der Gefühle eines lyrischen Ichs bei der Betrachtung seines eigenen Spiegelbildes aus. Dabei schwankt das lyrische Ich beständig zwischen Abscheu und Faszination und reflektiert die verzerrte menschliche Wahrnehmung. Zu vielen Wahrnehmungen des lyrischen Ichs finden sich Parallelen zu Andri:

Schaust du mich an aus dem Kristall,	
Mit deiner Augen Nebelball,	
Kometen gleich die im Verbleichen;	
Mit Zügen, worin wunderlich	
Zwei Seelen wie Spione sich	*Andris Doppelidentität als Jude und als Andorraner*
Umschleichen, ja, dann flüstre ich:	
Phantom, du bist nicht meinesgleichen!	*Ablehnung, Abgleich mit dem eigenen Innern*
Bist nur entschlüpft der Träume Hut,	*als vorgefertigtes Bild der Andorraner entstanden*
Zu eisen mir das warme Blut,	*nimmt Selbstsicherheit und Selbstbewusstsein, lässt ihn nicht eindeutig einer Gruppe/einer Familie/einem Volk zugehören*
Die dunkle Locke mir zu blassen;	
Und dennoch, dämmerndes Gesicht,	
Drin seltsam spielt ein Doppellicht,	
Trätest du vor, ich weiß es nicht,	*Selbstzweifel – Wie will ich eigentlich sein?*
Würd' ich dich lieben oder hassen?	
Zu deiner Stirne Herrscherthron,	*starke Beeinflussung des Tuns und Handelns von außen*
Wo die Gedanken leisten Fron	
Wie Knechte, würd' ich schüchtern blicken;	
Doch von des Auges kaltem Glast,	*verhindert emotionale Entwicklung*
Voll toten Lichts, gebrochen fast,	
Gespenstig, würd' ein scheuer Gast,	*das Fremdbild gräbt sich ein in den Menschen*
Weit, weit ich meinen Schemel rücken.	
Und was den Mund umspielt so lind,	
So weich und hülflos wie ein Kind,	*Widersprüche, Gegensätze beherrschen das Leben*
Das möcht' in treue Hut ich bergen;	*keine Identität verursacht Ausgrenzung*
Und wieder, wenn er höhnend spielt,	
Wie von gespanntem Bogen zielt,	
Wenn leis' es durch die Züge wühlt,	
Dann möcht' ich fliehen wie vor Schergen.	*keine Fluchtmöglichkeit vor dem eigenen Ich oder dem, was ich selbst dafür halte*
Es ist gewiß, du bist nicht ich,	
Ein fremdes Dasein, dem ich mich	*identitätslos von Geburt an zu sein, verhindert freie Entfaltung und Identifikation mit Werten und Normen*
Wie Moses nahe, unbeschuhet,	
Voll Kräfte die mir nicht bewusst,	*innerer Kampf zwischen Fremdbild und eigener Wahrnehmung erzeugt Charaktereigenschaften, die dem eigenen Wesen nicht anhänglich sind und befremdlich für einen Menschen*
Voll fremden Leides, fremder Lust;	
Gnade mir Gott, wenn in der Brust	
Mit schlummernd deine Seele ruhet!	
Und dennoch fühl' ich, wie verwandt,	*es besteht immer die Gefahr der Übernahme des Fremdbildes*
Zu deinen Schauern mich gebannt,	
Und Liebe muß der Furcht sich einen.	*geliebt zu werden und selbst zu lieben, könnte das Spiegelbild zu einem ansehnlichen werden lassen, vor dem man sich nicht fürchtet, dem man aufrecht und freudig entgegenblicken kann*
Ja, trätest aus Kristalles rund,	
Phantom, du lebend auf den Grund,	
Nur leise zittern würd' ich, und	
Mich dünkt – ich würde um dich weinen!	*die Identitätsfindung macht einen Menschen zu dem, was er ist*

Vorurteile und Ausgrenzung

SH 48

Die Beschäftigung mit dem Entstehen und Wirken von Vorurteilen vertieft das Verständnis für das Verhalten der Andorraner und für gesellschaftliche Missstände. Wie entstehen Vorurteile, wie wirken sie, wie ist es, wenn man Vorurteile hat, diesen ausgesetzt ist und ausgegrenzt wird? Wie können Vorurteile überwunden werden? Dazu dienen die Info-Materialien ab Seite 57 im SH.

Erschließen des Schaubilds unter Verwendung der Informationstexte:

SH 57–64

Jeder Mensch ist durch Vorurteile in seiner Wahrnehmung beeinflusst.

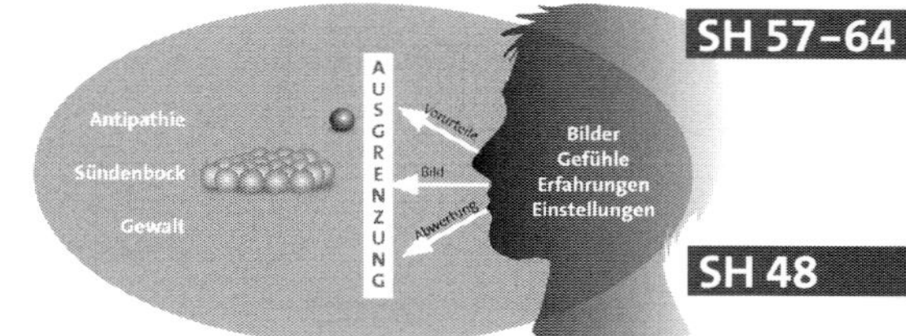

SH 48

- Vorurteile führen zu Bildern und Einstellungen über Einzelpersonen und Gruppen (oft Randgruppen).
- Einzelne und Gruppen können so als nicht erwünscht ausgegrenzt werden.
- Stimmungen sind gefährlich, da Antipathien missbraucht werden können.
- Ausgegrenzte können leicht zu Sündenböcken gemacht werden (Wir übertragen unsere gesellschaftlichen Probleme auf deren Verhalten; machen sie verantwortlich).
- Dies kann zu Gewaltanwendung an Einzelnen und an Gruppen führen.

Versuche, das Wirken von Vorurteilen an Beispielen zu erklären:

(Natürlich kann das Schaubild auch auf andere Gruppen bezogen werden.)

Warum Menschen obdachlos werden, ist uns meist unbekannt. Wir nehmen sie als armselig, oft verwahrlost wahr. Wir lehnen ihre Lebensweise ab, grenzen uns damit auch ab (!). Die Ausgrenzung führt dazu, dass eine Re-Integration in ein gesichertes und zufriedenes Leben kaum möglich ist: kein fester Wohnsitz → keine Arbeit → ...

Ausländische Mitbürger werden von rechten Parteien als Sündenböcke für Arbeitslosigkeit und fehlendes Geld für alte und kranke Menschen missbraucht. Unsere Antipathie und Einstellungen verhindern die unvoreingenommene Prüfung der Ursachen der Zuwanderung und des Elends. Ausländische Mitbürger werden benutzt, um Sündenböcke für Probleme unseres Sozialsystems (von uns gemacht!) vorzuschieben. Es kommt immer wieder zu gewaltsamen Übergriffen.

Wo liegt Andorra?

SH 49

Der Modellcharakter des Stücks wurde bereits untersucht.

Andorra liegt überall dort, wo Vorurteile zu Ausgrenzung führen. Andorra ist kein Ort, sondern ein gesellschaftlicher Zustand, ein Mechanismus, der sich gegen Individuen und fast jede Gruppe richten kann (siehe Enzensbergers Kommentar).

Ganz gefährlich ist die Selbstgefälligkeit, zu meinen, dazu nicht beizutragen oder dafür anfällig zu sein.

Die geschichtlichen Bezüge von *Andorra*:

Die Schwarzen, eine Anspielung auf die SS; Die Judenschau – Selektionsrampe in Konzentrationslagern; Rassenlehre: das Erkennen von Juden nach rassistischen Merkmalen

Rassismus und Antisemitismus – prägen die Andorraner; Antisemitismus ist auch heute noch ein Problem, selbst in Deutschland.

Welche aktuellen Bezüge siehst du?

Individuelle Beispiele, zu erwarten sind „politische“, etwa fremdenfeindliche Übergriffe oder die Angst vor dem Islamismus; auch aus dem persönlichen Umfeld: Vorurteile gegenüber älteren Menschen, Mitschülern mit Migrationshintergrund, Fälle von Mobbing usw.

SH 50 „Raus bist du!“ – Außenseiter und Mobbing

Außenseiterspiel

SH 63 f.

Zum Außenseiter zu werden, zu erfahren „Du bist raus, du gehörst nicht zu uns!“, erfahren viele Jugendliche in ihrem Umfeld, in der Schule, in der Gruppe, im Verein, im Kleinen, im Alltag. Mobbing hat unter Schülern drastisch zugenommen, Cybermobbing verschärft die Problematik (siehe Materialien SH S. 63 f.).
Das Außenseiterspiel vermittelt ein Stück weit, wie weh dies tut; es kann aber auch dazu führen, nach Wegen zu einem Mehr an Miteinander zu suchen, das eigene Verhalten zu reflektieren.
Das „in den Schuhen des Außenseiters“-Gehen, ist eine Variante von „Mokassin-Spielen“, die aus dem indianischen Sprichwort abgeleitet wurde: „Oh großer Geist, bewahre mich davor, über einen Menschen zu urteilen, bevor ich nicht einen Tag in seinen Mokassins gegangen bin.“ (siehe SH S. 52). Das Rollenspiel zielt darauf ab, das Einfühlungsvermögen (Empathiefähigkeit) zu erhöhen und Außenseiterrollen zu verstehen.

Vorurteile abbauen – Ausgrenzung überwinden

SH 51 **Vorurteils-Bühnenwand:**
Aus den eigenen Erfahrungen und dem Austausch von Meinungen und Fakten zum Thema „Vorurteile“ lässt sich die „Vorurteilswand“ in kleinen Teams gestalten. Wenn die Möglichkeit besteht, wirkt das Ergebnis natürlich beeindruckender, wenn man es auf Großformat gestaltet.

SH 50 Die Jugendlichen sollen dahin kommen, Ideen für die Überwindung von Vorurteilen zusammenzutragen – zunächst aus ihrer eigenen Erfahrung, aber auch eine Internetrecherche ist hier möglich.

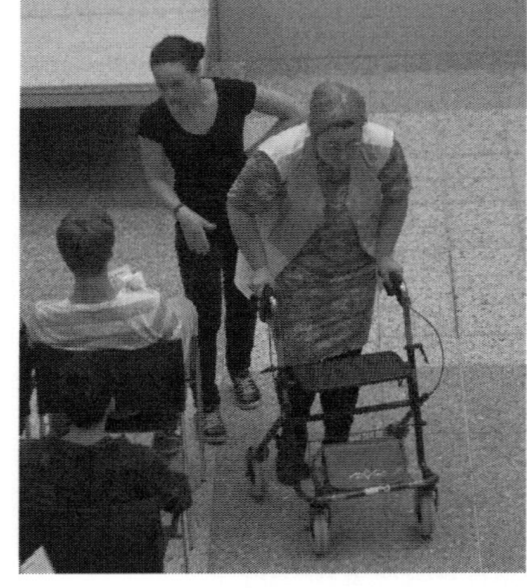

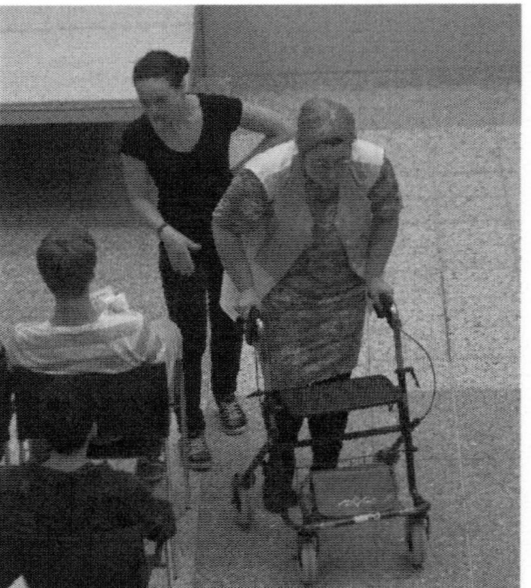

Kennenlernen gegen Vorurteile:

- Austauschprogramme, bei denen Jugendliche für bestimmte Zeit unter den Bedingungen eines fremden Landes leben und handeln – Erfahrungen machen gegen Vorurteile

Eigene Erfahrungen sind besonders intensiv:

- ausprobieren, sich in der Schule (im Ort) in einem Rollstuhl zu bewegen
- Gehörlose – nur ein, zwei Stunden Kopfhörer aufsetzen, um nichts zu hören: Verständigung sehr schwer, Hörende kennen die Gebärdensprache nicht; gehörlose und stumme Menschen werden gerne als weniger gebildet, ja geistig beschränkt wahrgenommen.
- ältere Menschen: langsamer, im schnellen Alltag leicht überfordert; ziehen sich zurück – Unverständnis jüngerer, „agilerer“ Menschen

Hilfs-Ich-Gespräche

SH 52

Diese gehen über das Bewerten des Handelns der Figuren hinaus und lassen die erarbeiteten Gedanken zum Thema „Vorurteil“ einfließen. Die Figuren erhalten im Spiel die Möglichkeit, sich im Nachhinein ihrer Verantwortung zu stellen und doch über das eigene Handeln nachzudenken, was sie im Stück nicht tun. In diesem Sinne schließen die Jugendlichen das Drama ab und erkennen den Wert des Gelesenen und Erarbeiteten für sich selbst. Die vorgeschlagene Gestaltung eines Flyers sollte durchaus als Option gesehen werden.

Warum hat der Wirt die Senora getötet?

- weil sie eine Schwarze ist und somit sein Land bedroht
- weil sie seinen Ruf als waschechter Andorraner in Gefahr bringt
- um vor den Andorranern gut dazustehen
- um seine Lügen zu vertuschen?

Wie hat sich der Tischlergeselle verhalten, als der Soldat Andri niederschlägt und misshandelt?

- will sich beliebt machen bei den Soldaten
- setzt selber noch einen drauf, um „dazuzugehören“
- pustet mit in ihr Horn

Was ging dem Jemand bei der Judenschau durch den Kopf?

- Das können sie doch nicht machen, ich bin doch kein Jude!
- Was ist, wenn meine Füße jüdisch aussehen?
- Ich mache mich einfach lustig, dann klappt das schon.
- Die Beschuldigung, ein Jude zu sein, kann jeden treffen.

Erarbeitungsphase IV – Übergreifende Schreibanlässe

SH 53–56

Als Lösungshilfen für die Schreibaufgaben werden hier Anregungen zum Inhalt und zum Aufbau gegeben. Die Lernenden sollten in ihrem Repertoire das Wissen über Schreibaufgaben und deren Besonderheiten haben. Erinnern Sie an die Vorgehensweise von Schülerarbeitsheft S. 11, die auf die Vorbereitung aller Schreibaufgaben übertragen werden kann. Des Weiteren ergeben sich die Inhalte der Stoffsammlung weitestgehend aus den Erschließungsergebnissen im Schülerarbeitsheft.

SH 11

SCHREIBAUFGABE: Rede des Paters

SH 53

Redeziel: Der Pater will und muss eine Mitschuld an Andris Tod eingestehen vor allen anderen, um auch sie zum Überdenken ihres Handelns zu bewegen. Er will sich in Andri hineinversetzen und so verdeutlichen, was er (und die anderen) ihm angetan haben.

Für wen? Gerichtet ist die Rede an seine Gemeinde, an die Andorraner, aber vielleicht auch ein Stück weit an Gott, um Vergebung zu erbitten.

Redeteil	Inhalte	Meine Ideen
Einleitung	Anrede der Versammelten Vorstellung deiner Person Nennung des Themas (Zitat, Gegenstand ...)	– Gemeinde, trauernde Gemeinde, Mitschuldige – Jeder kennt mich hier als einen von euch, aber nur, wenn auch ihr bemerkt, was geschehen ist, will ich einer von euch sein. – Auch ich bin schuldig geworden. – Auch ich habe Andri gefesselt. – Auch ich habe Andri an den Pfahl gebracht – wie wir alle!
Hauptteil	Vergangenheit ansprechen – einzelne Situationen nachstellen aus unterschiedlichen Perspektiven – auf Erinnerungen zurückgreifen – auf die Zukunft verweisen – auf Zuhörer reagieren/ sie mit einbeziehen	– Tod eines jungen Menschen beklagen – Gespräche mit ihm, habe ihn nicht verstanden – habe mir ein Bildnis von ihm gemacht, habe ihm zugeredet, ein Jude zu sein und dies anzunehmen – warum eigentlich? – Zukunftsplanung mit Barblin – skeptisch gesehen – Tischlerlehre – nicht erkannt, wie wichtig das Andri war – Verständnis geheuchelt – zu wenig auf Andri eingegangen – der Judenschau fern geblieben, ihm nicht geholfen – geschwiegen, statt ernsthaft mit ihm zu reden und ihm zuzuhören – bei Gesprächen versagt – habe euch nicht getadelt, sondern ihm gesagt, er müsse darüber hinwegsehen, aber das konnte er nicht
Schluss	Zusammenfassung Aufforderung an die Zuhörer Abschluss	– keine Eigeninitiative ergriffen, habe nicht gesehen, wie es Andri wirklich ging – Das nächste Mal werde ich es besser machen. – evtl. eine Entschuldigung – Auch ihr habt zum Tod beigetragen: sucht, an welcher Stelle – schaut in den Spiegel. – Lasst Andorra und seine Bewohner das sein, was sie immer vorgaben zu sein: friedliebend und gerecht.

SCHREIBAUFGABE: Anklageschrift Barblins

Die Schreibaufgabe kann unter Zuhilfenahme der Aufzeichnungen und Auswertung des gespielten Dreizehnten Bildes (SH S. 45) formuliert werden.

SH 54 **Anrede:** Hochverehrtes Gericht, hochverehrte Staatsanwaltschaft,

SH 45

Text:

1. Anklage
   Die Andorraner werden beschuldigt, den Tod von Andri direkt oder indirekt zu verantworten.
2. Darstellung des Sachverhalts
   – Andris Werdegang
   – Wahrheit (Lüge) über seine Herkunft
   – Vorurteile und Antisemitismus der Andorraner, verbunden mit Profitinteresse
   – Ermordung der Senora
   – Verhalten in der Judenschau
   – Andris Folter und Hinrichtung
   – ihre Misshandlungen
3. Benennung der Vergehen
   3.1 Mord an der Senora
   3.2 Beihilfe zum Mord: Andri wurde die Schuld zugeschoben.
   Niemand griff ein, um Andri zu entlasten.
   3.3 Unterlassene Hilfeleistung: Andri, mir selbst ...
4. Beweismittel
   Wirt – Pflasterstein; Doktor – keine medizinische Hilfe; Soldat – Vergewaltigung ...
5. Ermittlungsergebnisse (der Beschuldigte leugnet/gibt zu)
   Aussagen an der Zeugenschranke
   Darauf hinweisen, wie die Andorraner und sie selbst sich hätten anders verhalten müssen.
6. Antrag
   Ich beantrage, die Benannten ihrer gerechten Strafe zuzuführen.
   Bestrafung wegen der Schuld und um zu zeigen, dass ein friedliebendes, demokratisches Land so etwas nicht dulden darf.